一生三求

吃得下、睡得着、想得开

华 业◎编著

中国长安出版社

图书在版编目（CIP）数据

一生三求：吃得下、睡得着、想得开 / 华业编著. —北京：中国长安出版社，2008.10

ISBN 978-7-80175-878-1

Ⅰ. 一… Ⅱ. 华… Ⅲ. 人生哲学—通俗读物 Ⅳ. B821-49

中国版本图书馆 CIP 数据核字（2008）第 162223 号

一生三求：吃得下、睡得着、想得开

著者： 华业
出版： 中国长安出版社
社址： 北京市东城区北池子大街 14 号（100006）
网址： http://www.ccapress.com
邮箱： ccapress@yahoo.com.cn
发行： 中国长安出版社　全国新华书店经销
电话： 010-65281919　65270433
印刷： 北京市业和印务有限公司
开本： 710 毫米 ×1000 毫米　1/16
印张： 16
字数： 260 千字
版本： 2008 年 11 月第 1 版　2022 年 6 月第 2 次印刷
印数： 1-5000 册

书号： ISBN 978-7-80175-878-1
定价： 48.00 元

前　言

PREFACE

人生在世，不过百年，流年似水，此生何求？！名利如粪土，富贵似浮云，不论理想有多么远大，境界是多么高尚，不论是为国为家为个人，说到底最终追求的都是内心的一种满足感，而这种满足感就是幸福！

但幸福的滋味，只有吃得下、睡得着、想得开的人，才能品味出来。春秋时期的大哲学家老子有“治身养性者，节寝处，适饮食”的说法，世界卫生组织确定“睡得香”为健康的重要客观标志之一，可见古今中外对幸福的理解都是一样的。

吃得下意味着身体好，睡得着意味着精神没有压力，不生病、精神好，才吃得下；没病痛、没心事，才睡得着，这两点的前提都是想得开。人生在世要活得明白、活得痛快，就要想得开：受到冷落时要想得开，遭到嘲讽时要想得开，受了委屈时要想得开，遇到不平时要想得开，生了疾病时要想得开，丢了钱财时要想得开，碰到挫折时要想得开，有了灾祸时要想得开……想得开，是一种风采是一种胸怀；想得开，是一种气派是一种境界！吃得下、睡得着、想得开的人，时刻都能品出人生幸福的滋味！其实幸福离我们并不遥远，也不复杂，吃得下睡得着想得开就是最大的幸福。

一生有三求，吃得下，睡得着，想得开；幸福有三宝，吃得好，睡得好，活得好！

目　录
CONTENTS

第一章

幸福是一种感觉

幸福很轻，轻得往往使人感觉不到它的存在，因为人们总是过于放大自己的痛苦，而忘却了自己拥有的幸福。幸福像空气，无处不在，而我们又看不到它。每个人的生活都有幸福滋养，可我们却总是叹息，埋怨幸福太遥远，总也抓不住。

现实中的人们，往往湮没于生活的忙乱与心境的浮躁之中，被劳碌所充斥，被困顿所挤压，被物欲所役使，被滚滚红尘所冲击，一如隐于水中的石块，不细察则难以得见。

幸福，只有用心去体会才可品味出来。“吹尽狂沙始到金”，幸福便是那散落于尘沙中的金粒，需要精心地拾捡方可获得。

健康是幸福生活的根基

在人的一生中，会有许多的追求，许多的憧憬，当然也会有许多的诱惑。追求真理，追求理想，追求刻骨铭心的爱情，追求金钱和名誉地位……但最后你会发现，健康才是你所有美好追求的基础和根本保证。如果没有了健康，生命就不再是一个蓬勃向上和快乐进取的过程，而成了一个痛苦无奈的延续。一个在痛苦中挣扎的生命，即使拥有再多的东西，也都是黯淡无光的。

拥有健康并不代表拥有一切，但失去健康就会失去一切。健康不是别人的施舍，而是对生命的执着追求。能登上世界最高峰的人，必定是体格强壮的人；经得起失败打击的人，必定是意志坚定的人。强健的体魄和坚定的意志相结合，就产生了一个完美、健康的人。很少有人能够彻底明白，体力与事业的关系是怎样的重要，怎样的密切。人们的每一种能力、每一种精神的充分发挥以及人们的整个生命效率的增加，都要赖于机能的健全和体力的强壮。体力的强壮与否，可以决定一个人的勇气与自信心的有无；而勇气与自信，是成就大事业的必需的条件。

许多人，就失败在这点上——从事工作时，不能发挥出全部的力量——一个活力低微、精神衰弱、心理动摇、意志不定、情绪波动的人，自然不能成就出了不起的事业。聪明的将军，不肯在军士疲乏、士气不振时，统率他们去应付大敌。他一定要秣马厉兵，充足给养，然后才肯去参加大战。

在人生的战斗中，能否得到胜利，就在于你能否保重身体，能否保持你的身体处于良好的状态。一个具有一分本领的体力旺盛的人，可以胜过一个体力衰弱而具有十分本领的人。假如在你的血液中没有火焰的燃烧，在你的身体中没有精力的储存，则你在人生战斗中，一经打击就会失败的。一个人有大志，有坚定的自信，同时又具有足以应付任何境遇、抵挡任何事变的旺盛的体力，则他一定能够从那些烦闷、忧虑、疑惧等种种精神束缚中解脱出来。

旺盛的体力可以增强人们各部分机能的力量，而使其效率、成就较之体力衰弱的时候大大增加。强健的体魄，可以使人们在事业上处处得到便利，得到帮助。凡是有志成功、有志上进的人，都应该爱惜、保护体力与精力，而不能有稍许浪费在不必要的地方，因为体力、精力的浪费，都将可能减少我们成功的可能性。有不少有志于成大事的人，因没有强壮的体力为后盾，而导致壮志未酬身先死。然而又另有大批的人，有着强壮的体力却不知珍重，任意浪费在无意义、无益处的地方，从而损害了珍贵的身体资本。

美国的罗斯福总统曾说："我是一个体弱多病的孩子。但我后来要决意恢复我的健康，我立志要变为强健无病，并竭尽全力以做到这点。"身心不断地活动，是祛病健身的最好处方。要保持健康，必要的活动是绝对前提。人体中的各部分机体，如不经常活动，就难以保持健康。

工作中一切行动和过程都是生命中调节机制的结果。"空闲"并不是有益身体，而是对身体有害。人们一旦闲下来无所事事，人体机能就减缓活动，疾病大都是在空闲时才发生的。一个在正当的事务上忙碌的人，只要不是过度忙碌，他的身体是健康的、是安全的。他能避免许多在空闲时可能使他误入歧途的种种诱惑。有一位著名的英国医师曾说：人要长寿，必须要做到除了睡眠时间以外使脑部不断活动。每个人必须于职业、工作之外找一种正当嗜好，职业给他以生活资本，嗜好则给他以生活乐趣，可以使他在愉快、高兴的心情下，活动其精神。“行动”的意义等于“生命”，而“静止”则等于“死亡”！

不管我们的理想是什么，对我们来说没有什么比生命更珍贵的了。我们都希望生活十分美好。没有人愿意看到自己变老的信号，或者任何衰老的迹象。人们都尽可能地保持年轻、幸福和健康，然而很多人没有注意保持他们的青春和活力。他们在不知不觉中破坏健康的规则和长寿的规则，把生命浪费在愚蠢、不符合自然规律的生活和堕落的习惯中。他们还不明白为什么生命的能量在消逝。滥用能量和浪费精力必定会受到应有的惩罚。只有合理膳食、适量运动、心理平衡的人才会健康，才能长寿！身体是一个人赖以生存和生活的物质基础，离开了这一物质基础，就谈不上从事社会生产活动和改造自然的活动，更谈不上取得个人事业上的成功，人生的幸福。人们都是渴望成功和幸福的，他们给自己设定目标，激励自己向着目标努力，这些都无可厚非。但可惜的是，人们在追求心中所想的时候往往忽略了、甚至牺牲了自己最宝贵的财富——健康。生命对于每一个人来说只有一次，一个不懂得珍惜生命的人等于一无所有！

降低一份欲望，得到一份幸福

人不能无欲，无欲则让人懈怠慵懒，不思进取。然而，人的欲望往往与他企盼达到程度有着不可逾越的沟坎，放纵欲望，没有节度，只能是事与愿违。“养心莫过于寡欲。”减少一分欲望，也就减少一分累赘，减少一分愁苦，减少一分精神沉疴。与其跨前一步跌入无边无涯的欲海颠簸挣扎，莫如退后一步立于水湄之上看天高地阔。从凡尘俗间的嚣声与灰屑中，腾出一湾宁静澄明的空间，让心灵的寡欲之舟轻轻停泊，你就会体会到生命存在的真实价值和人生的真正富有。

在口头上，绝大多数人都希望自己的生活能够达到“简单并幸福着”的最佳状态，但是他们真能做到吗？毫无疑问，这是一个大大的问号。为什么呢？因为大家都会被实实在在的生活压得喘不过气来，甚至头晕眼花。实际上绝大多数人不堪承受生命之重，因为他们被占有物质财富——好房、名车、高收入、高开销等的欲望折磨得疲惫不堪。其实，物质财富并不像很多人想象的那样重要。事实上，有许许多多的人是在令人难以察觉的绝望状态下生活的。

其实回头看看，你们已经拥有了许多，为什么不微笑呢？

当你对薪水的多少感到很不满意的时候，不如想想你至少还拥有一份工作，比起很多失业的人来说，这已经是件幸运的事了。当你假日里没有条件去一个你向往已久的旅游胜地时，不如想想，“待在家里的乐趣也不少！”你可以遇到很多像这样的事，每次当你注意到自己又落入“我希望生活能更好”之类的情况时，请就此打住，重新开始。先深吸一口气，回想生活中仍有自己应该感激的事情。

当你能够不再妄想更多时，你就能珍惜你所拥有的一切，心里的不满与空虚就会随之消失；只要你不再老抱怨自己还有很多东西没有得到，你的生活一定会其乐无穷的。多注意自己所拥有的，别过分贪心妄想，别老是跟人攀比，你就会发现生活其实很美好。兴许，你会在生活中第一次感受到——什么叫真正的幸福与满足。

有一个从事房地产销售的年轻人，经过自己几年的打拼，在本地已小有名气了。他每天的生活就像上足劲的发条一样，被传真、资料、甲方以及各种方案充塞得满满的。

一天，他加班到很晚，从公司出来后，走了很远的路也没有叫到车。走得热了，他停下来，解开领带，仰头出了口气。这时，他吃惊地看见星星在丝绒般的夜幕中闪烁着，洋溢着一种无言的美丽，一如他大学毕业前的最后一晚，几个要好的同学躺在学校图书馆前的草坪上看到的那样。那一晚，他们深深被血脉中扩张的青春激动着，广袤的星空与未来的前途一片光明。

从那以后，他几乎再也没有时间去注视过夜晚的星空了。因为从他走入社会，他一直保持着弯腰向前奔跑的姿势。太忙了，欲望总在膨胀，目标总在前方，于是他不停地向前奔跑着……

每个夜晚的这个时刻，他多半在应酬或是在作楼盘计划和方案，他从没有想过哪怕透过一扇小窗，去望望宁静的夜空，倾听心灵一些细小的声音。

今天，当自己站在这静谧的星空下，他突然想起以前在大学看过一位日本餐饮业巨头总结的成功之道：在其连锁店中能提供给顾客的，永远是17厘米厚的汉堡与4℃的可乐。据他的研究人员研究发现，这是令客人感觉最佳的口感。当然，你也可以选择把汉堡做成20厘米厚，把可乐加热到10℃，但它们并不意味着最佳口感。

对于幸福，其实也只要17厘米和4℃就够了。幸福，它是一路上持续发生的，就如深夜静谧而美丽的星空所带给人的震撼，而非那个令人疲惫的终极雪球。

有位著名的心理学家说："一个人体会幸福的感觉不仅与现实有关，还与自己的期望值紧密相连。如果期望值大于现实值，人们就会失望；反之，就会高兴。"的确，在同样的现实面前，由于期望值不一样，你的心情、体会就会产生差异。

一只老猫见到一只小猫在追逐自己的尾巴，便问道："你为什么要追自己的尾巴呢？"小猫回答说："我听说，对于一只猫来说，最为美好的便是幸福，而这个幸福就是我的尾巴。所以，我正在追逐它，一旦我捉住了我的尾巴，便得到幸福。"

老猫说："我的孩子，我也曾考虑过宇宙间的各种问题，我也曾认为幸福就是我的尾巴。但是，我现在已经发现，每当我追逐自己的尾巴时，它总是一躲再躲，而当我着手做自己的事情时，它却形影不离地伴随着我。"

同样道理，在现实生活中，人们总是喜欢拼命地追求、索取，以为这样便可以得到幸福。殊不知，当你费尽心机地实现了这个目标，消除了一个烦恼，很快你又会有新的没有实现的目标，你又会烦恼。如此反复，永无尽头。事实上，人们追求的东西往往是自己并不需要的。

其实，追求幸福最有效率的方法就是“降低你的欲望”。通过心理调节，使自己能够平静地对待目标，从而减轻或消除心理负担。欲望低了，心事少了，自然也就吃得下、睡得着了，幸福也就会悄然而至。在世界上所有获得幸福的途径中，这种方法的投入产出比最高，它基本上不用你花一分钱，有时甚至能省钱。

一位智者说：“人生不同的结果起源于不同的心态。”的确，假如世界变得灰暗，那是你自己心中不够灿烂。只要降低一份欲望，你便会得到一份幸福。

幸福与贫富无关

贫穷有烦恼，富贵依然有烦恼，幸福并不是贫富决定的。生活的最终目标不是财富最大化，而是幸福最大化。幸福快乐是一种感觉，它每时每刻都在身边，就看你的眼睛是否能够发现！

幸福是什么？幸福一种生活方式，它来源于“简单生活”。物质财富只是外在的荣光，真正的幸福来自于发现真实独特的自我，保持心灵的宁静。

在习惯的支配下，我们对这个嘈杂的世界、混乱的时空没有感到有什么不对劲，也许只有到临终的时候，才会悲哀地发现，自己的一生，原来是这么的不幸福。

智慧，能够让人摒弃患得患失的习惯以及由此而产生的种种偏见。如果你不愿意看到的事情发生了，请不要埋怨他人或引咎自责，因为这并不是谁的错，只是一种注定的缘的作用而已。所以，当你的水杯打碎时，你不必惊叹：“我的天哪！”“你看我做了什么样的蠢事呀！”“太不小心了，为什么脑袋里就不多根弦呢？”你应该很自然地做出反应：“呵，原来它是这么去的！”你不能为了在别人面前表现出自己的“慷慨大方”而心口不一——那样你的心情是不会坦然的，你必须内心也这么想才行。其实一种简单而又很实用的方法是，当水杯打碎时，你就告诉自己去买一个新的——新的一定会比旧的更漂亮。

有人问："简单生活"是否意味着苦行僧般的清苦生活，辞去待遇优厚的工作；靠微薄存款过活，并清心寡欲？美国著名心理学家皮鲁克斯说："这是对'简单生活'的误解。'简单'意味着'悠闲'，仅此而已。丰富的存款，如果你喜欢，那就不要失去，重要的是要做到收支平衡，不要让金钱给你带来焦虑。"

无论是中产阶级，还是收入微薄的退休工人，都可以生活得尽量悠闲、舒适，在过"简单生活"这一点上人人平等。简单，是平息外部无休无止的喧嚣，回归内在自我的唯一途径。当我们为拥有一幢豪华别墅、一辆漂亮小汽车而加班加点地拼命工作，每天晚上在电视机前疲惫地倒下；或者是为了一次小小的提升，而默默忍受上司苛刻的指责，并一年到头赔尽笑脸；为了无休无止的约会，精心装扮，强颜欢笑，到头来回家面对的只是一个孤独苍白的自己的时候，我们真该问问自己干嘛这样，它们真的那么重要吗？

简单的好处在于：也许你没有海滨前华丽的别墅，而只是租了一套干净漂亮的公寓，这样你就能节省一大笔钱来做自己喜欢的事，比如旅行或者是去买那心仪已久的摄像机。你也再用不着在上司面前唯唯诺诺，你自己就是自己的主人，提升并不是唯一能证明自己的方式，很多人从事半日制工作或者是自由职业，这样他们就有更多的时间由自己支配。而且如果你不是那么忙，能推去那些不必要的应酬，你将可以和家人、朋友交谈，分享一个美妙的晚上。

寒山禅师曾作偈《东家一老婆》来指导人们应该如何看待贫富——

东家一老婆，富来三五年。昔日贫于我，今笑我无钱。

渠笑我在后，我笑渠在前。相笑傥不止，东边复西边。

寒山禅师这首诗偈寓意很深。以生活中一种常见的社会现象，提出令人深思的严肃问题。过去被我看不起的穷者，富了之后反笑我寒酸。我笑他在前，他笑我在后，笑与被笑的位置不断变换，必将陷入无穷的悲与喜的轮回之中。然而一旦做到了既不因贫贱羡人，也不以富贵骄人，超脱于世俗的祸福之外，唯求自心清静，律己自重，这样就不会陷入“东边复西边”的无尽烦恼之中了。

一位十分富有的父亲，想让儿子看看穷人的生活，使他知道自己生在一个富有的家庭是多么幸福的事儿，就安排去看看穷人们的生活。

于是，这位父亲带着一家人来到乡下，他想让儿子看看贫穷是多么的可怜。他们找到了一户最穷的人家，在那儿度过了一天一夜。

回来后，父亲便美滋滋地问儿子：“你认为此行如何？”

“非常好，爸爸！”

“现在你该知道穷人的生活是什么样子了吧？”父亲问道。

“是的。”

“你都看见什么了？”

“我看到我们家花园中央有一个游泳池，他们却有一条没有尽头的小溪；我们家花园里有许多进口的灯，他们却拥有满天的繁星；我们的院子虽然很大，他们的院子却延伸到地平线上。”儿子说完后，父亲沉默无语。

儿子又说：“谢谢你，爸爸，你让我明白了我们是多么贫穷！”

以贫富论英雄，是一种狭义的贫富观。中国著名的数学家陈景润算是穷到家了，但是谁又能鄙视陈景润呢？还有历代以来的那些清官、廉官，谁又能说他们无能值得鄙视吗？

那些贫穷一点的人更不应该看低自己的位置，不要盲目自卑，更不要因为贫穷而丢掉某些富人们所不拥有的“富裕”。作为不富裕的人，一定要成功地理解穷，思考为何会穷？千万不要轻信富人们杜撰的成功者奋斗的历史，道理很简单：别人的衣裳不一定适合自己穿。当我们发现，努力了、奋斗了，依然不富时，那穷就不是我们的错了。

可以说，世界没有绝对的穷人，也没有绝对的富人。以金钱分也只是一个局部，而我们面对的是人，是人生活的方方面面。但我们在金钱上的缺失，这肯定是“硬伤”，但当注定我们在这方面是矮子时，我们为何偏要从短处较劲，而不去在其他方面发挥优势呢？

因此说，不管是富人还是穷人，都不要因为自己身处的位置而骄傲或者自卑、鄙视或者羡慕。正如广告说得好“每个人都有自己的舞台”，只要自己正视这点，我们都将是富有的人。

倘若我们暂时富裕，切莫鄙视或嫌弃那些不如我们的；如果我们暂时贫穷或者稍不如意，同样不必去羡慕那些整天开车、忙于应酬的人。正是由于生活是自己的，我们才能体会到那份只属于自己的幸福与甜蜜，而这绝对与贫穷或富裕没有必然的联系。

简单的才是最好的

平淡的日子才是生活最终的积淀，才是最难得的。不要再为眼前的幻景而患得患失，真正享受每一缕阳光，每一声鸟叫，每一丝凉风，每一天的简简单单。追求简单，就是适当地控制自己的欲望。一个在物质和世俗方面追求很少的人，才可能用更多的时间去拥有精神世界的强大和丰富多彩。

生活在飞速发展的现代社会，人们被无处不在、充满物欲的繁杂信息包围着。已经很少有人会走出去平静地听枫林鸟语，看大漠落日；也很少有人会安静地坐下来看花开花落，草长莺飞；也难得静心抬头看天高海阔、云卷云舒。人们脚步匆匆，东奔西忙。的确，在工作范畴，没有平静，也不会简单。但在我们的生活中，我们可以寻求简单，过简单的生活。

简单的意义，不是幻想生活而是面对生活，祈求心灵的宁静。追求简简单单的幸福应该是每一个人的目标，生活在简单中的人，就能够朝目标迈进，不至于误入歧途，而使我们丧失自我的伟大一面。很多人总是会情不自禁地羡慕别人的生活方式，以为那就是最幸福的享受。其实，不切实际地改变自己，不但得不到简单和幸福，反而会丧失简单和幸福，会增添许多大大小小的麻烦和苦恼。

《伊索寓言》中有一个关于乡下老鼠和城市老鼠的故事：城市老鼠和乡下老鼠是好朋友。有一天，乡下老鼠写了一封信给城市老鼠，信上这么写着："城市老鼠兄，有空请到我家来玩，在这里，可享受乡间的美景和新鲜的空气，过着悠闲的生活，不知意下如何？"城市老鼠接到信后，高兴得不得了，立刻动身前往乡下。到那里后，乡下老鼠拿出很多大麦和小麦，放在城市老鼠面前。城市老鼠不以为然地说："你怎么总是过这种清贫的生活呢？住在这里，除了不缺食物，什么也没有，多么乏味呀！还是到我家玩吧，我会好好招待你的。"

乡下老鼠于是就跟着城市老鼠来到了城里。乡下老鼠看到那么豪华、干净的房子，非常羡慕。想到自己在乡下从早到晚，都在农田上奔跑，以大麦和小麦为食物，冬天还得在那寒冷的雪地上搜集粮食，夏天更是累得满身大汗，和城市老鼠比起来，自己实在太不幸了。

聊了一会儿，它们就爬到餐桌上开始享受美味的食物。突然，"砰"的一声，门开了，有人走了进来。它们吓了一跳，飞也似地躲进墙角的洞里。乡下老鼠吓得忘了饥饿，想了一会儿，戴起帽子，对城市老鼠说："乡下平静的生活，还是比较适合我。这里虽然有豪华的房子和美味食物，但每天都紧张兮兮的，倒不如回乡下吃麦子，来得快活。"说罢，乡下老鼠就离开都市回乡下去了。这则寓言使我们看到不同个性、习惯的老鼠，喜欢不同的生活方式。即使它们都曾经对不同的世界感到好奇、有趣，但是，它们最后还是都回归到自己所熟悉的生活圈子中去了，并且都能得到各自简单而幸福的生活。

"我想按照自己的定义过生活。"有"美国甜姐"之称的著名演员梅格·瑞恩说："我绝对不要活在别人定义的形象底下。我不在乎遗忘，人们总是会变得贪婪、太过自我。我希望能不断成长，活出既有的框架。也许我会再拍一部或两部电影，也许不会。虽然我会怀念这个工作，不过我对其他事情也很有兴趣。”

“我希望能活得简单踏实，”她说，“我不想过得飘飘然脱离现实。”

别认为通往幸福的路有多远，只要有信心的指引，向那个方向努力就可以了。幸福很简单，它是一种坚持的结果。

何须费心寻觅呢？幸福不在千里之外的岛屿上，而是存在你的心中。不管你有多忙，都请抽点时间为自己培植一盆鲜花。“可是”，你开始会疑惑不解，“养花对我有什么好处呢？我并没有这个嗜好。”你要拥有充实愉快的精神生活，感觉到安宁平和的内心世界，你就必须有所爱——用你的心，你的眼神，你的双手，你的行动，去关爱你身边的人和物。

而且，你的这种爱应是单纯的、和谐的，为此你不能附加条件——爱是没有理由的，你不能用它做交易，你的这种情感应该是纯粹的。为什么古今中外众多的文艺作品均赞美无目的、纯真的爱？因为这种爱是人类有史以来感受最为美好的情感，它有着强大的力量。当你真地付出自己诚挚的关爱时，爱的给予者和授予者心灵上都得到了莫大的抚慰，这时候，生命可贵的意义对双方来讲都得到了升华。

到花市去，选择一盆你第一眼就喜欢的花，把她带回家，移植在一个你每天都能看到她的位置。你就可以开始天天练习照料你的花儿了。你要有意识地关爱你的新宠，就像爱你的孩子一样。你要学会和你的花儿培养感情：经常跟她说话，把心里话说给她听，告诉她你多么爱她——你要相信，她总是很认真地聆听着你的心事。你一定能够体会到自己付出纯真的爱意时内心和谐的感觉——那是多么美妙的感觉啊！你完全忘却了焦躁不安、愤懑和匆忙时的尴尬。你尽情欣赏你可爱的鲜花时，你已融入了爱的氛围，你的身心于轻松愉悦之中享受到了最甘最醇的幸福。

现在，你可以延伸你充满仁慈的关爱之情了。你无需再要求身边的人们如何地改变自己或是满足你的种种期望，因为你现在愿意无条件地去爱他们了。爱与被爱的感觉实在太美妙了！发现了这一点的你不再计较其他诸如自己主观期望的因素了，你知道爱就得爱他的一切，甚至包括自己原本认为是缺点的那一部分——有了包容的爱才是博大的爱、真实的爱。你终于放弃了偏见，领悟了爱的真谛。你从此将幸福永远，因为你受到了一位智者的低语的启示，爱就这么简单，幸福就这么简单。

不论你对简单下什么样的定义，其本质都是摆脱过剩的物质。依然可以追求烹饪之乐，但却不必订数种美食杂志、累积收藏无数的食谱；你依然可以追求最新的时尚，但却不必同款鞋各买一色或买许许多多的领带；你依然可以买下别墅，却不必依平日家居的方式来布置它；你可以多交朋友，朋友却不必多到非得用名片检索的地步。请开始更简单的生活，不要理睬你最初可能产生的焦虑，抛弃你的所有物品，只取你所需要的，而非你所不可求的。简单是一种处世的态度，是一种境界；它不是浅薄，更不是平庸，它是一种处惊不变的人生理念和境界。简单是一种对复杂事物的感悟，就像将厚重的一摞书读完，突然萌生了灵感一样；简单是一种把握自我的精神境界，是一种高格调的东西。

没有人注意过风吹过桌布，带动玻璃杯在跳舞。可是它确实在跳舞，跳得如此优美。生命中，很多东西你没有留意，它们很简单，但是它们很美丽。记住罗梭的话："我们的生命不应虚掷于琐碎之事。而应该尽量简单，尽量幸福。"

对生活不要苛求太多

人们对事物一味理想化的要求，导致了内心的苛刻与紧张，因此，常常不能平和心态，追求完美的同时也失去了很多美好的东西。事物总是循着自身的规律发展，即便不够理想，它也不会单纯，更不会因为人的主观意识而发生改变。这对于人类也一样，我们要顺其自然，不要去强求生活，对待工作亦该如此。

有这样一个故事：有一个人对自己坎坷的命运实在不堪忍受，于是天天在家里祈求上帝改变自己的命运。上帝被他的诚心打动，于是对他承诺："如果你能在世间找到一位对自己命运满意的人，你的厄运即可结束。"此人如获至宝，开始他寻找的历程。

有一天，他终于走到皇宫，询问万人之上的皇帝："万岁爷，您有至高无上的皇权，有享受不完的荣华富贵，您对自己的命运满意吗？"

皇上叹道："我虽贵为国君，却日日寝食不安，时刻担心有人篡夺我的王位，担心国家是否能长治久安，我能否长命百岁。我活得好累，还不如一个快乐的流浪汉！"

这人又去找了一个正在晒太阳的流浪汉，问道："流浪汉，你可以不必为国家大事操心，可以无忧无虑地晒太阳，连皇上都羡慕你，你对自己的命运满意吗？”

流浪汉听后大笑：“你是开玩笑吧？我一天到晚食不果腹，怎么可能对自己的命运满意呢？”

就这样，他走遍了世界的每个角落，访问了各行各业的人，所有的人说到自己的命运竟无一不摇头叹息，口出怨言。这人终有所悟，不再抱怨生活，一切顺其自然。俗话说：“命里有时终须有，命里无时莫强求”。就是这个道理。

说也奇怪，从此他的命运竟一帆风顺起来。

人是自然的产物，也和大自然中其他生物一样各具特色、各有所长，这个人适合统领三军，那个人精于舞文弄墨，各有天赋，各有使命。

人若能知道植物花草的特长，加以妥善运用，不仅能使环境增辉，更能美化生活，增添情趣。人若能像顺应花草的自然天性一样去顺应自己的能力和体力，不在自己力所不能及的事情上强出头，就能营造自己理想中的生活，做自己理想中的自我。

师傅领进门，修行在个人。师傅有多个徒弟，聪明的师傅让每个人顺其自然地发展，其结果是每个人的修行是千差万别的。找对师傅是一件幸运的事，有的人一生与师傅无缘，要花费很多光阴入门。天才无师自通是世间不常见的事情。现代社会的学历是敲门砖，有它可先入门，入门后的修行好坏依然决定你的成才与否，如果你已经竭尽全力，结局如何，就顺其自然吧。

其实，某些事情也许不适合你做，这时你完全可以将它放弃掉，给自己一点松弛，轻松地享受生活。想要做到内心平和，生活愉悦，第一步，必须把内心放平和，减少苛求、放低标准，不要人为地制造紧张情绪，生活原本不必如此忙乱；第二步，试着躺在沙发上懒洋洋地看电视，别担心如此度过周末是在浪费时间。当你学会了从容平静地度日，顺应自然并顺应天性，不去勉强别人，也不强求自己，你会发现事情不照自己的计划进行，地球照样转，生活照样继续。

建立好心态的意义就是帮助你找到最好的活法，然后顺其自然地努力和奋斗。既不感叹命运也不抱怨时代，当不了大树就当小草，当不了太阳就当星星，当不了江河就当小溪……明白自己该走的路，就会发现生活带给你的幸福与快乐。

“幸福的心灵就像良药一样易使病人康复。”把痛苦紧紧抱在怀里念念不忘，会使我们最终被痛苦淹没。“把生活看得太严肃，还有什么价值呢？”歌德曾经说过，“如果早上醒来我们没有感受到新的喜悦，如果夜晚降临没有赋予我们对新的幸福的期望，那么每天的睡觉和醒来还有什么价值呢？今天的阳光照耀在我身上，我应该去认真地感受生活。”在时光的沙漏里，流出去的沙子永远装不回去。请珍视时光里沙漏中的每一粒沙，选择自己的活法，用一颗容易满足的心，去精心装点美好的生活。

不要苛求完美

“聪明的人是其心灵的主人；愚蠢的人是其心灵的奴隶。”或许你不是完美的，要知道，这个世界上没有完美的人，维纳斯因为断臂而美丽。因此，不完美并不是什么至关重要的事，只要你在不完美的基础上把每一件事都做得完美就可以了。做最好的自己，做快乐的自己，一步步向成功迈进。

生活就是这样的，你不可以太过苛求，在放大镜甚至是显微镜下面，没有什么东西是完美的。人生就是要有很多不完美之处，每个人或许都会有这样或那样的缺陷。有时候我们总是想要有一个完美的人生，其实，没有缺憾我们就无法去衡量完美。

人生是充满缺陷的旅程。从哲学的意义上讲，人类永远不会满足自己的思维空间和自己生存的环境，对自己的生活水准更不会感到满足，这也就决定了我们人类不断创造、追求。人生没有缺陷也许就意味着圆满，绝对的圆满便意味着没有希望，人如果没有了追求，便意味着停滞。人生圆满了便会停止了追求上进的脚步。

在人类生活要求的标准衡量下，生活是不能够尽善尽美，更不会那么尽如人意，正是因为有了残缺，使我们的生活才会有梦，有希望。当我们为梦想和希望而付出努力的同时，我们就已经拥有了一个完美的自我。

追求完美究竟是什么意思呢？有些人以争取高水准为乐，他们要求的是合理的卓越表现，这种健康的追求，并非我们所说的“追求完美”。当然，不重视素质的人根本就难以获得真正的成就。但“追求完美的人”却强迫自己达到不可能的目标，并且完全用成就来衡量自己的价值。结果，他们不仅变得极度害怕失败，而且感到自己不断受到鞭策，对自己的成就不满意。事实证明，强逼自己追求完美既有碍身心健康，引起像沮丧、焦虑、紧张等情绪不安的症状，在工作效果、人际关系、自尊心等方面也会自招失败。

我们必须研究一下，为什么追求完美的人特别容易情绪不安，为什么他们的工作效果会受到影响？

其中一个原因就是，他们以一种不正确和不合逻辑的态度看待人生。追求完美的人最普遍的错误想法，就是认为不完美便毫无价值。譬如说，一个每科成绩取得甲等的学生，由于在一次考试中有一科拿了乙等成绩，因而大感沮丧，认为那就是失败。在这类想法引导下，追求完美的人特别害怕犯错误，一旦犯错误就会做出过分的反应。

他们的另一个误解是相信错误会一再重复，认为“我永远都不能把这件事做对”。追求完美的人不会自问能从错误中学到什么，而只是自怨自艾，说：“我真不该犯这样的错误，我绝不能再犯了！”这种自责态度导致产生一种受挫和内疚的感觉，反而会使他们重复犯同样的错误。

伯恩斯教授最近进行一项调查，作为他研究工作效果和情绪健康的一个环节。他向150名每年收入1万～15万美元的推销员提出一系列问题，结果发现，他们之中约有40%是属于追求完美的人。可以预料的是，这40%的人所受的压力，比其余那些不追求完美的人要大得多。但他们的成就是否更大呢？说来奇怪，答案却是否定的。这些追求完美的人在生活中显然较常感到焦虑和沮丧，可是没有任何证据显示他们的收入较其余的人为高。

为了帮助追求完美的人戒除这个心理习惯，伯恩斯教授首先请他们列出追求完美的好处和弊端。

一名向他求助的法律系学生只举出一个好处："这样做有时会得到优秀成绩。"接着她列出六个弊端：

①它令我神经非常紧张，以致有时连普通成绩也拿不到。

②我往往不愿冒险犯错，而那些错误却是创作过程中所必然会发生的。

③我不敢尝试新的东西。

④我对自己诸多苛求，令生活失去了乐趣。

⑤由于总是发现有些东西未臻完美，因此我根本不能松弛下来。

⑥我变得不能容忍别人，结果别人认为我是个吹毛求疵者。

根据这个利弊分析，她终于认为若放弃追求完美，生活可能会更有意义和更有成就。伯恩斯指出："假如你目标切合实际，那么，通常你的心情便会较为轻松，行事也较有信心，自然而然便会感到更有创作力和更有工作成效。我不是鼓吹放弃努力奋斗，不过，事实上你也许会发现，在你不是追求出类拔萃成就而只是希望有确实良好的表现时，反而可能会获得一些最佳的成绩。"

你也可以用反躬自问的方式来抗拒追求完美的思想，例如，"我从错误中可以学到什么？"你可以做个实验，想想你犯过的一项错误，然后把从中得到的教训详列出来。千万别放弃犯错的权力，否则你便会失去学习新事物以及在人生道路上前进的能力。你要牢记，追求完美心理的背后隐藏着恐惧。

人生是没有完美可言的，生活中处处都有遗憾，这才是真实的人生。因而人不能苦于那种“完美”的追求之中，只会留给我们更多的遗憾。

“岂能尽如人意，但求无愧我心。”生活中有着太多的不如意，如果事事苛求完美，生命也就毫无快乐可言。当你面对不幸与挫折的时候，不妨静下心来想一想，如果你已经尽了自己最大的努力，又有什么值得遗憾的呢？生活中如果尽善尽美，那我们的人生又有什么意义呢？

给予会更快乐

赠人玫瑰，手有余香！给予也是一种快乐！给予更能传播快乐，让我们把爱与快乐给予父母，给予朋友，给予身边的所有人……

人活在世上要学会分享与给予，养成互爱互助的行善的习惯。正像俄国伟大的作家托尔斯泰所说："神奇的爱，使数学法则失去平衡，两个人分担一个痛苦，只有一个痛苦；而两个人共享一个幸福，却有两个幸福。"

很多时候，善待别人，其实就是善待自己。严于律己，善待他人，可以减少许多麻烦。善于为别人着想，就要理解他人，以宽大的胸怀经受来自于各方的大大小小的压力，把自己和别人的利益冲突看得淡一些。心存高远目标，才不会为小事动摇，更不会花太多的精力去和别人计较。应该明白，在漫长的人生历程中，要具有忍耐和宽容精神，善于用自身的高贵品行去感化对方；要有团结和谐为重的博大胸怀，要能以德报怨，不念旧恶。宽容的基础是对人的信任和爱，相信别人有求善的愿望，昨天的敌人在明天就有可能成为朋友。

生活就像山谷回声，你付出什么，就得到什么；耕种什么，就收获什么。帮助别人就是强大自己，帮助别人也就是帮助自己，为自己铺开后路。其实，在很多情况下，帮人并不意味着自己吃亏。

一对待人极好的夫妇不幸下岗了，不过在朋友、亲属以及街坊邻居们的帮助下，他们在小城新兴的一个市场里开起了一家火锅店。

刚刚开张的火锅店生意冷清，全靠朋友和街坊照顾才得以维持。但不出三个月，夫妇俩便以待人热忱、收费公道而赢得了大批的“回头客”，火锅店的生意也一天一天地好起来。

几乎每到吃饭的时间，小城里行乞的七八个大小乞丐，都会成群结队地到他们的火锅店来行乞。

夫妇俩总是以宽容平和的态度对待这些乞丐，从不呵斥辱骂。其他店主则对这些乞丐连撵带轰，一副讨厌至极的表情，而这夫妇俩每次都会笑呵呵地给这些肮脏邋遢、令人厌恶的乞丐盛满热饭热菜。最让人感动的是，夫妇俩施舍给乞丐们的饭菜，都是从厨房里盛来的新鲜饭菜，并不是那些顾客用过的残汤剩饭。他们给乞丐盛饭时，表情和神态十分自然，丝毫没有做作之态，就像他们所做的这一切原本就是分内的事情一样。

日子就这样一天一天地过着。一天深夜，服装市场里突然燃起了大火。这一天，恰巧丈夫去外地进货，店里只留下女主人照看。一无力气二无帮手的女店主，眼看辛苦张罗起来的火锅店就要被熊熊大火吞没，着急万分之时，只见那帮平常天天上门乞讨的乞丐，不知从哪里钻了出来，在老乞丐的率领下，冒着生命危险将那一个个笨重的液化气罐马不停蹄地搬运到了安全地段。紧接着，他们又冲进马上要被大火包围的店内，将那些易燃物品全都搬了出来。消防车很快开来了，由于抢救及时，火锅店虽然也遭受了一点小小的损失，但最终保住了。而周围的那些店铺，却因为得不到及时的救助，货物早已烧得精光。

夫妻俩对乞丐们无私的帮助得到了他们最真诚的回报。

世界著名的精神医学家亚弗烈德·阿德勒曾经发表过一篇令人惊奇的研究报告。他常对那些孤独者和忧郁病患者说："只要你按照我这个处方去做，14天内你的孤独忧郁症一定可以痊愈。这个处方是——每天都想一想，怎样才能使别人幸福？"

手心向下是助人，手心向上是求人。助人快乐，求人痛苦。何不在解决别人的痛苦中，体会助人的快乐。

一个大雨滂沱的夜晚，社会学者埃维拉的不小心陷进了沼泽地。野地里四处无人，埃维拉焦急万分，身子已经陷进去到了脖子。如果不能离开这里，就必然会被沼泽吞噬。这时，一个骑马的中年男子路过此地，二话没说就用绳子将埃维拉拽了出来，把他带到了一个小镇上。当埃维拉拿出钱对这个陌生人表示感谢时，中年男人说："我不要求回报，只要你给我一个承诺：当别人有困难的时候，你也尽力去帮助他。"在后来的日子里，埃维拉帮助了许许多多的人，并且将那位中年男子对他的要求告诉了他所帮助的每一个人。数年后，埃维拉被一次骤发的洪水围困在一个小岛上，一位少年帮助了他。当他要感谢少年时，少年竟说出了那句埃维拉永远也不会忘记的话："我不要求回报，但你要给我一个承诺……"埃维拉的心里顿时涌上了一股暖流。

正所谓"送人玫瑰，手有余香"。生活中，我们不仅要感激别人给予我们快乐和关爱，举手之劳也要给以人快乐和关爱，让他人在你我的些许关爱中不再孤独落泪，让生活因你我多一点的关爱而少一点不和谐，让社会在你我的爱心传递中多一些温情，让我们也幸福着我们的给予。

寻求个人利益和他人利益的契合点，这样可以有效地避免个人利益与公众利益的冲突，可以使自己与多数人站在一个立场上。像杜甫虽然自家茅屋为秋风所破，但他念念不忘的却是“安得广厦千万间，大庇天下寒士俱欢颜”。这是何等胸怀，何等气魄！心中有他人，他人也就接纳了你。给别人一些关爱，纵使是一些微不足道的话，对那些忧郁、无助的心灵都会是一缕明媚的阳光，或许其荒芜的心田从此就衍生出一片勃勃绿意。我为人人，其实是一种风骨和一种品位。

有位医生赶着去抢救一名生命垂危的儿童，行至半路，竟发现路前方有一条深沟，他无法过去，于是他求助于路旁的一台推土机的司机。司机答应了，他为医生填好了深沟。医生一路飞奔而至，终于孩子得救了。在回去的路上，他感激地向那位司机道谢，“谢谢你，是你救了孩子一命。”不料，司机却说道，“我根本不知道那是我的孩子”。故事的结局出人意料，但却告诉我们，付出也是一种美，帮助别人也等于帮助自己。

由此可见，宽厚待人，树立我为人人、人人为我的观念，在人际交往时往往能化干戈为玉帛，使原本激化的矛盾平息乃至朝着好的方向发展。美好的事物都是由美好的德行引发的。

在漫漫的人生路上，你如果觉得自己孤寂，或者觉得道路艰险，那你就照阿德勒的话去做，每天都想一想，怎样才能使别人幸福？这样你定会逢凶化吉，因祸得福，幸福就会飞到你的身边，使你远离痛苦与烦恼。

送人玫瑰，手有余香。在凡尘俗世里，让我们永怀乐善好施之心，永葆一颗纯洁美好的心灵。

分享是一件快乐的事情

人要学会分享。快乐也好，悲伤也好，有人与之分享就是幸福的。人生的乐趣，在于分享。正如孟子所说："独乐乐，不如与众同乐。"我有一份快乐，分给你一些，我还是一份快乐，你也有一份快乐。分享是快乐的，是一种美德。当我们把自己的东西拿来与人分享时，我们的胸怀因而变得更加宽广，我们的生活也更加多姿多彩。只有分享，才能快乐。财源丰盛，比不上浓浓温情，而分享的快乐，在于让温情一路延伸。

英国戏剧作家萧伯纳说过："倘若你有一个苹果，我也有一个，而我们彼此交换苹果，那么，你和我仍然是各有一个苹果。但是，倘若你有一种思想，我也有一种思想，而我们彼此交流这些思想，那么，我们每人将各有两种思想。"而快乐有如思想，不会因为分享而减少，反而会成倍增长。

快乐是一种美德，因为有了它生命才会充满活力与希望。分享快乐也是一种美德，因为快乐能够传染。你要把快乐传染给你身边的每一个人，无论他是赤脚的孩子还是为米发愁的母亲，你都要把快乐传染给他们，让他们像鲜花一样绽开笑脸。快乐姓公不姓私，一个人偷着乐，实在没有什么意义。

分享是一种快乐，是一种成长，是一种心情。学会分享是一种态度，把你的成功分享给大家是一种享受，更是一种幸福。人与人之间的交流不外乎有两种：一是言行，二是肢体。把好的一面展现给大家，就是把好的一面分享给大家。

当我把我所知道的分享给大家的时候，这个过程我是很享受的，分享也是一种情绪发泄。当你的心情高涨时，你会把所有开心的是说给大家听，让大家也分享你的快乐；当你遇到不如意的时候时，你会找一个很好的朋友向他哭诉你的烦心事，让他帮你分忧，安慰你。当你感受到大家的快乐，得到安慰时，你的心情会怎样呢？是不是有一种情绪发泄之后的快感。

学会分享，学会把你的心情分享给大家。

生活需要伴侣，快乐和痛苦都要有人分享。没有人分享的人生，无论面对的是快乐还是痛苦，都是一种惩罚！

还有这样一个故事：有两个农民，同时得到了一种玉米良种。邻居知道了，就向他们讨要购买。甲怕邻居种了好的玉米影响他的收成效益，便拒绝了向邻居施舍和给予。

而乙是一位豁达之人，喜欢把自己的好东西与人分享。他给周围的邻居每人都给予了一些玉米种子。

第二年，到了收获的季节，甲的玉米长势很差，穗小粒瘪，而乙的玉米却长势良好，穗大粒饱。

甲不明其故，便去问有关专家。专家说，风会将成熟玉米的花粉从一块地吹到另一块地，如果周围邻居种的是质量不好的玉米，那么，杂交传粉就会使玉米良种的质量不断退化。

一个人活着，要学会与别人分享快乐和幸福。只有懂得分享，才会得到更多的快乐和幸福。“把你的痛苦与人分享，你的痛苦将会减少一半；把你的快乐与人分享，你的快乐将增加一倍。”这句名言一点也没有错。生活中，帮助别人也是帮助自己。要想得到快乐，就得先学会与别人分享快乐。细细想来，分享看似付出，实际上却是获得的。

尽情地分享快乐吧。“独乐乐，与人乐乐，孰乐？”分享本身就是一种难得的快乐，传递快乐就像耕作一样，你撒播的种子越多收获也就越多。

与人相处的艺术其实很简单，只要你真心待人，别人就会对你真心。我们给予的，迟早会收获更多；我们收获的，将会撒下更多快乐的种子。

快乐亦在，分享快乐亦在，人生，快乐无限！

第二章

幸福的音符来自于事业

事业是生命之盐，无所作为的人生犹如白开水一般乏味。“兰生幽谷，不为无人佩戴而不芬芳；月挂中天，不因暂满还缺而不自圆；桃李灼灼，不因秋节将至而不开花；江水奔腾，不以一去不返而拒东流。”

不同的思想境界、不同的理想抱负就会有不同的人生。每个人都拥有充分的自主权，你可以为自己设计达到目标的路线。如果你放弃自我实现的梦想，只是被动地承受接踵而来的一切，那么你就无法体会到想要有所作为的力量及它所带来的收获。一旦你尝试着去把握自己的人生，你就能感受到这种力量的存在了。有抱负的人对改变现状从来没有犹豫过。不管处于困境或是处于顺境，他们总知道要自己掌握自己的命运，有所作为，“长风破浪会有时，直挂云帆济沧海”！

别以为自己很重要

别把自己看得太重是一种人生哲学，看轻自己才能“飞”起来。生活中，那些年长的人总是忘不了给那些踌躇满志的年轻人忠告：在人生的路上，要多把自己看轻些。这忠告，包含着几缕沧桑，但更多的是对生活的一种超越。

在现实生活中，有些人习惯以自我为中心，总把自己看得太重，而偏偏又把别人看得太轻。总以为自己博学多才，满腹经纶，一心想干大事，创大业；总以为别人这也不行，那也不行，唯独自己最行。一旦失败，就会牢骚满腹，觉得自己怀才不遇。自认怀才不遇的人，往往看不到别人的优秀；愤世嫉俗的人，往往看不到世界的精彩。把自己看得太重的人，心理容易失衡，个性往往脆弱却盛气凌人，容易变得孤立无援，停滞不前。

把自己看得太重的人，常常使人生表现得难以理智：总以为自己了不起，不是凡间俗胎，恰似神仙降临，高高在上，盛气凌人；总以为自己是个能工巧匠，别人不行，唯有自己最行；总以为自己工作成绩最大，记功评奖应该放到自己头上，稍不遂意，骂爹骂娘……

把自己看得太重的人，容易使自己心理失衡，个性脆弱，意志薄弱；容易使自己独断骄横，跋扈傲慢，停滞不前。

看轻自己，是一种风度，是一种境界，是一种修养。把自己看轻，它需要淡泊的志向，旷达的胸怀，冷静的思索。

善于把自己看轻的人，总把自己看成普通的人，处处尊重别人；总觉得群众是最好的老师，自己始终是个小学生；即使自己贡献最大，也不居功自傲；处处委曲求全，为人谦虚和谐。

把自己看轻，绝非一般人所能做到。它是光明磊落的心灵折射，它是无私心灵的反映，它是正直、坦诚心灵的流露。

把自己看轻，绝不是去鄙视自己，绝不是去压抑自己，绝不是去埋没自己，绝不是要你去说违心的话，绝不是要你去做违心的事，绝不是要你去理不愿理的烦恼。相反，它能使你更加清醒地认识自己，对待自己，不以物喜，不以己悲。

把自己看轻，它并不是自卑，更不是怯弱，它是清醒中的一种经营。更不是鄙视自己，压抑自己，埋怨自己，也不要你去说违心话，做违心事。相反，看轻自己能使你更加清醒地认识自己。

20世纪美国著名小说家和剧作家，布思·塔金顿在一次参加红十字会举办的艺术家作品展览会。会上，一个小女孩让布思·塔金顿给她签名，布思·塔金顿欣然接受了，他想，自己这么有名，但当小女孩看到他签的名字不是自己崇拜的明星的时候，小女孩当场就把布思·塔金顿的留言和名字擦得一干二净。布思·塔金顿当时很受打击，那一刻，他所有的自负和骄傲瞬间化为泡影。从此以后，他开始时时刻刻地告诫自己：无论自己多么出色，都别太把自己当回事！

名人尚且如此，何况我们这些平凡之辈？或许，你所听到的那些夸赞你的话语，只不过是这场游戏中需要的一句台词而已。等游戏结束，你应该马上清醒，摆正自己。我们应该知道，我们只不过是在扮演生活中的一个角色罢了。曲终人散后，卸下所有的妆，你会发现剩下的只有满身的疲倦，所有的掌声、鲜花、微笑都只不过是游戏中必备的道具。

为人处世，不妨看轻自己，生活中就会多几分快乐。

在生活中，我们要学会看清自己：在家庭中，不妨看轻自己，不要把自己当成“一言九鼎”的家长，才能更好地与孩子沟通，与爱人和谐相处。在事业上，即使春风得意，也不妨看轻自己，不要把自己当成众人之上的“楚霸王”，这样才能结交更多志同道合的盟友，听取更多有益于事业发展的意见。在朋友圈子里，不妨看轻自己，才能结识到推心置腹的哥们儿，让自己时刻保持清醒的头脑。总之，把自己看轻，才能成为天使，飞越坎坎坷坷，拥有和谐的人生！

现实生活中，有人把自己看重的地方很多，而把自己看轻的地方很少；看重自己的东西很多，而看轻自己的东西很少。

我们是不是太在意自己的感觉？譬如，你走路时不小心摔了一跤，惹得旁人哈哈大笑。当时你一定觉得很尴尬，认为全天下的人都在看着你。但是，如果你试着站在别人的角度考虑一下，就会发现，其实，这事不过是他们生活中的一个插曲而已，有时甚至连插曲都算不上，他们哈哈一笑，一回头也就把这事给忘了。

在匆匆走过的人生路途中，我们不过是路人眼中的一道风景，对于第一次的参与、第一次的失败，完全可以一笑置之，不必过多地纠缠于失落情绪只中，你的哭泣只会提醒别人：重新注意到你曾经的失败。你笑了，别人也就忘记了。

有句话说：“20岁时，我们总想改变别人对我们的看法；40岁时，我们顾虑别人对我们的想法；60岁时，我们才发现，别人根本就没有想到我们。”这并非消极，而是一种人生哲学——不妨学会看轻你自己，轻装上阵，没有负担地踏上漫漫征程，你的人生路途或许会更通坦。

一个自以为很有才华的人，一直得不到重用，为此，他愁肠百结，异常苦闷。有一天，他去质问上帝："命运为什么对我如此不公？"，上帝听了沉默不语，只是捡起一颗不起眼的小石子，并把它扔到乱石堆中。上帝说："你去找回我刚才扔掉的那个石子。"结果，这个人翻遍了乱石堆，却无功而返。这时候，上帝又取下了自己手上的那枚戒指，然后以同样的方式扔到了乱石堆中。结果，这一次他很快便找到他要找的东西那枚金光闪闪的戒指。上帝虽然没有再说什么，但是他却一下便醒悟了：当自己还只不过是一颗石子而不是块金光闪闪的金子时，就永远不要抱怨命运对自己不公平。

有许多人都有和这位年轻人一样的心理，觉得自己是这个单位、这个部门里最重要的人物，这里缺了自己就不行，就好像地球离开他就不转动了一样。因为自己很重要，所以其他人必须以他为中心，围绕着他转。其实，不是这么回事，地球离了谁都照常转动不误。

要正视社会现实，社会上的每个人都有其各自的欲望与需求，也都有其权利与义务，这就难免会出现矛盾，不可能人人如愿。这就要求人人正视客观现实，学会礼尚往来，在必要时做出点让步。当然应该承认自我的权利与欲望的满足，但也不能只顾自己，忽视他人的存在。如果人人心目中都只有自我，那么，事实上人人都不会有好日子过的。

从自我的圈子中跳出来，多设身处地地替其他人想想，以求理解他人，并学会尊重、关心、帮助他人。这样才可获得别人的回报，从中也可体验人生的价值与幸福。

加强自我修养，充分认识到自我中心意识的不现实性与不合理性及危害性。学会控制自我的欲望与言行，把自我利益的满足置身于合情合理、不损害他人的可行的基础之上，做到把关心分点给他人，把公心留点给自己。

选择是你的根本自由

选择你所喜欢的，喜欢你所选择的，并且坚持到底，这就是积极的人生态度。选择是你的根本自由，而选择的后果则是你要承担的责任。

美国《幸福》杂志曾在征答栏中刊登过这么一个题目：假如让你重新选择，你做什么？一位军界要人的回答是去乡间开一个杂货铺；一位女部长的答案是到海滨经营一个小旅馆；一位市长的愿望是改行当摄影记者。几位商人的回答最离奇：一位想变成女人，一位想成为一条狗。其间也有一般百姓的回答，想做总统的，想做外交官的，想做面包师的，应有尽有。但是，很少有人想做现在的自己。

人，有时非常矛盾。本来活得好好的，各方面的环境都不错，然而当事者却常常心存厌倦。

小常在深圳某家电子有限公司工作了五年多，已享有较高职位与不菲待遇，一年前却毅然辞职，与几个朋友开了家小小的电脑配件销售公司，经营状况一直不是很好。当朋友问及为何辞职时，小常却笑着说："原公司的确是很多人羡慕的地方，我也不否认那里的待遇不错，但在那里我已经找不到激情了。"他认为那里没有多少值得发展和留恋的前景，远不如自己出来开拓另一片新天地。

小常对公司太熟悉了，循环往复地工作，使得他在后来几年的时间里，已不再有激情的碰撞，充其量只不过是一台工作机器罢了。《幸福》杂志上的那些部长、商人及平民百姓们，之所以不愿做他们现在的自己，这与小常辞职的因缘大概一致，是对向往事业拥有的激情，已经习以为常，甚至麻木了。

人生的征程，最糟糕的境遇往往不是贫困，不是厄运，而是精神和心境处于一种无知无觉的疲惫状态。当感动过你的一切不能再感动你，吸引过你的一切不能再吸引你，甚至激怒过你的一切也不再激怒你。这时，人就需要寻找另一处能够满足激情发挥的用武之地。

很多时候，我们选择辞职，不都是工作的待遇因素，而是因为熟悉的地方已没有激情。

如果你所从事的工作你并不喜欢，事实上这种情况非常常见，那这份工作将成为你的负担，长期下去将使你心情压抑，工作没有积极性和主动性，甚至身心疲惫。如果你暂时没有更好的选择，那么选择调节自己的心态就显得非常重要。

马利是金融专业研究生，毕业后到一家银行工作，在四年里，她凭借自己扎实的专业基础和出色的工作能力，在单位里得到了同事的赞许和领导的肯定，被提升为部门经理。她是一个值得下属为之卖命的上司，她总能认真倾听同事的想法，了解员工所关心的事情；同时也赢得了下属的喜爱和尊敬。她的团队能出色完成每一项任务，她个人也成为领导公认的可以委以重任的人。

某部门一直以来绩效都不理想，是单位的一个老大难问题。年初部门经理跳槽离开了，银行为了能快速改善部门的现状，把马利调到这个部门做经理。

刚来时，部门内死气沉沉，员工没有工作积极性，工作效率低下。马利刚来的时候理不清思路，不知从何下手，但她非常自信，相信自己完全可以解决这个问题。接下来的一个月她尝试了各种办法，但结果是令人失望的，整个部门没有任何改变。面对这样的下属，面对没有进步的工作，马利渐渐地失去了信心。她开始感到工作压抑，变得暴躁易怒。上司本来对马利寄予了很大希望，可现在看不到好转，也开始对她施加压力。马利现在越来越讨厌这份工作，讨厌这个职位，甚至想到了跳槽。

为此，有人给马利介绍了一位心理学医生和一位职业专家。他们给了马利如下建议：

1．调整心态、重树自信

态度决定一切。现在的状况对马利来说是一个很好的锻炼和提高的机会。如果能成功地解决这个问题，马利个人的领导能力将得到一个飞跃式的提升。把它看成一个机会而不是一个难以完成的任务，这样她的心态就会好转，积极性也会提高。

2．界定问题

成功一定有方法，失败一定有原因。职业咨询师和她一起分析了失败的原因：马利以前采取的措施都是基于她对现状的推测，认为问题出在哪里，然后采取行动，而没有了解问题的真正成因。气氛沉闷，没有积极性只是表面现象，如果不知道这种表面现象背后的真正原因，那么所有的措施没有效果也就是正常的了。马利以前认为是共同的因素导致了这种情况，而事实并非如此。其实每个人都有每个人的原因，有的人可能是因为家庭问题而导致工作没有积极性；有的人可能是因为压力或者指标而导致的；有的人可能是因为觉得没有发展空间而导致的；有的人可能是因为受部门整体气氛的影响而导致的……所以建议马利首先要做是了解每一位员工的具体原因。

3．积极的思考

仅仅发现原因是不够的，还必须思考你所希望事情是什么样子。不能简单地认为气氛活跃就是我们想要的，这样太空洞而且不好衡量。希望的事情必须具体、明确。为每个员工设定明确的、可实现的、有步骤的、循序渐进的改变目标。

4．有效的行动

与每位员工讨论他们的问题，提出你对他们的希望，让他们明确并认可你为他们指定的改变目标，从而获得他们的支持与积极配合。

其实，任何人都有可能不得不做一些令人厌烦的工作。即使给你一个很好的工作环境，但是如果总是一成不变的话，任何工作都会变得枯燥乏味的，假如我们赞同这个观点，那我们是不是也会同意，任何事情都可以带着活力与热情去做呢？即使无法选择工作本身，我们还可选择自己对工作的态度啊。但如果从另外的角度来看，也许频繁地变换工作并不是一个明智的选择。我们却总是有机会选择自己的工作态度的，我们可以选择每天工作的态度，选择对每一件事的工作态度，任何一种选择都会决定我们的工作方式和工作效率。

在职场人士当中，大约有75%的时间花在与工作有关的事情上，像是准备上班、前往办公室、为工作殚精竭虑、下班后缓解工作压力等。如果一天要花这么多时间在跟工作有关的事情上，就应该乐在其中，因工作而生龙活虎。可是实际上却并非如此，“太棒了！今天是星期五！”这说明休闲仍然是许多人的方式。

我们应该以谈恋爱的心情对待工作，不只要选择所爱，忠于自己的选择，还要在漫漫情路上费心经营，这样的爱情才可长可久。用这样的态度对待工作，才可能在工作中有所收获。

做自己的主人，很难；在环境复杂诱惑纷繁的情况下做自己的主人，更难。但我们要知难而进，生命的意义在于攻克难题，不断成熟。只要我们有一颗淡定从容、积极乐观、充满爱的心，一切都将变好。

做自己想做的人

人生在世，做什么不重要，做得怎么样也没关系，最关键的是要知道自己为什么做这些，追求的是什么。人们一直说要寻找自我，其实自我不需要寻找，自我始终都在自己身边，在心灵最深处的地方。活出自我，在心中保留一块净土，播种人生的希望。“清水出芙蓉，天然去雕饰”，自我不需要刻意改变什么，顺其自然就是自我。人生如戏，每个人都是主角，不必模仿谁，我是我，你是你。有梦想就大胆地追求，失败了也不要放弃。活出自我，人生才能精彩。

德国哲学家莱布尼茨说过，世上没有两个完全相同的事物，哪怕是孪生兄弟都会有区别。经过科学论证也的确如此。就拿我们的手来说，世界上没有一双是相同的，因为每个人的指纹都是不一样的。任何自然形成的事物都有与众不同的地方，任何生命都有自己独特的个性。“一花一世界”，正因为个性的存在，才构成了七彩斑斓的生命，才有了形形色色的社会。一个人如若失去个性，生命的意义将是一片空白。找出自己的兴趣所在，找到一份自己喜欢的工作，活出真实的自我，这样才不枉在人世走一遭。

菲尔·强森的父亲是一家洗衣店的老板，他希望儿子能出人头地，长大后比自己有更大的作为。然而他作了种种努力，菲尔·强森却丝毫也没听进去。于是，洗衣店老板改变策略，他将儿子安排在洗衣店，并且逢人便宣传：他要让儿子继承自己的事业，接管这家店铺。

一开始，菲尔·强森并没有觉得父亲这样做有什么不好，但慢慢地，他就觉得那是一件没有任何创意的工作，单调枯燥、千篇一律。他开始厌烦，接着便是痛恨，最后终于发展到怠工甚至旷工。

这时，他的父亲开始跟他谈判，明确告诉他，如果他不愿意在洗衣店待下去，他的唯一选择只能是机械厂——在当时，不但挣钱少，而且活儿又脏又累。

为了摆脱困境，菲尔·强森不假思索地答应了。当他到了机械厂后才发现，事情比自己想象的还要糟糕，那油腻的工作服和一天十多个小时的工作时间自不待说，更要命的是这里的一切对他全都是陌生的，他必须像一个小学生似的从头开始。然而，他心里也明白，后退是没有出路的，也是不可能的。于是，他横下一条心，将全部精力和时间都扑在了有关的工作上。几年过去，他不但熟悉了一般的操作技术，而且还选修了机械工程、引擎制造等多门专业，他制造的“空中堡垒”轰炸机，在“二战”中发挥了巨大的作用，他自己在1944年去世时，也理所当然地成为公司的总裁。

保罗生在一个大家庭里，这个家庭在蒙大拿州成功地经营着一座奶牛场，至今已有三代。同邻居、朋友们一样，保罗也热爱土地和牲畜。他十分看重农场生活，打算长大后继续从事畜牧业。他在附近的一所学院中学习农业管理，放假期间就在农场上做工。

自从保罗在学院选修了一门潜水课之后，他的生活目标便发生了变化。他曾在学校的游泳池和一条宽阔的河流中做过潜水练习；他还跨过两个州到海边去训练。保罗从未学习过游泳，他所面临的主要挑战是：课程要求学员能游一英里的距离。他不得不选修了一门游泳作为辅助课程，还每天坚持跑步（这不是他喜好的运动项目），以便能够达到通过考试所需的体能要求。

童年时代，保罗曾看过雅克·库斯托在电视上主持的海底世界节目，这给他留下了深刻的印象。这位法国海洋地质学家在海底似乎比在陆上更加安然，他在海底的探险活动以及他的发明深深地打动了保罗。保罗开始越来越多地思考着这个迷人的王国。他阅读着能够到手的每一本有关海底世界的图书；为了满足日益增长的兴趣，他还另外订购了有关的文学作品。他梦想着有朝一日能到有珊瑚礁的水域探险，识别那些美丽、奇特的鱼种。他以惊奇、赞叹的心情谈论着大海，对大海的知识也在不断增长。他急切地盼望着能到热带水域探险。春假期间，他取出自己的积蓄，乘飞机到开曼群岛去潜水——这次探险为他打开了一个崭新的世界。

保罗的家人认为，他的这个爱好不过是暂时的兴趣，就像其他人一样，几年之后就会过去的。然而，当保罗着手调查美国的潜水学校时，他们开始有些担心。保罗的兴趣与他们的生活毫无关联，因而，他们怀疑他的兴趣是否可行。他们很爱保罗，但他们把保罗的爱好看作是异想天开，只会浪费钱财。跟其他许多年轻人一样，保罗对家庭怀着很深的爱与珍惜，十分看重家人的意见。他的志向与家人的意见尖锐对立，他感到十分痛苦。另外，潜水学校远离家乡，要去求学，他肯定会想家的。

最后，他终于做出决定：他选择了一所他认为最好的学校，寄出了他的入学申请。学费十分昂贵；为了积攒学费，他不得不努力打工。他生活得十分简朴，以便尽快攒够学费。由于很少有人理解他和支持他，他知道，他被人视作“特别的”人。随着时光的流逝，他遇到过种种挫折，学业一再拖延。有多少次，他的梦想似乎离他远去。他怀疑是否环境在告诫他应放弃理想，去寻求更“现实”一些的人生目标。然而，他清楚地知道他的理想是什么，并努力地坚持着。

三年过去了，保罗终于进入了潜水学校。他学习十分刻苦，以优异的成绩完成学业，并优先获得学校的举荐，在巴哈马群岛的一处旅游胜地做潜水员。他在那里取得了宝贵的实践经验，又被聘回母校做教员。

在有了一段教学经验之后，他具有了教练资格。教学之余，保罗还学习其他课程，他又发现自己对海洋科学方面问题的兴趣，这给他开辟了广阔的发展前景。

他的成功经过进一步充实，又引来新的成功。在他27岁这一年，人们已将他视为这个领域的顶尖人物。他不仅继续从事教师职业，还给报刊撰写文章；他与人合伙开办了一家潜水用具商店，到各地去做商业性表演；他给自己配备了全套的潜水设备，并且成为卓有建树的水下摄影师。他接受来自世界各方面的邀请。他感到，如今他可以去任何想去的地方，他的工作十分愉快，也拥有很多的朋友。他的家人都为他的成就感到自豪，他也经常回去看望他们。他也许有些“特别”，但他却是他们所认识的人当中，最有趣而且是最幸福的一个！

保罗的例子很好地说明，我们应遵从内心的指示，对于自己的理想要有决断力，并根据当时的认识水平选择达到人生目标的最佳途径。这个例子还说明，我们应将我们的全部注意力集中到某一点上，就像让阳光通过火镜集中到一点，直至达到燃点。某种强烈的愿望一旦被“聚光”，就将发挥巨大的威力，展示出你的愿望和理想的光辉。甚至，困难本身也会为我们提供克服的力量。

真正成为自己不是一件容易的事。世上有许多人，你用什么词来描绘他都行，例如是一种职业，一个身份，一个角色，唯独不见了他自己。如果一个人总是依照别人的意见生活，总是毫无主见的忙碌，不去独立思考问题，不关注自己的内心世界，那么，说他不是他自己就一点儿也没有冤枉他。因为确确实实，从他的头脑到他的心灵，你找不到丝毫真正属于他自己的东西，他只是别人的一个影子和事务的一架机器而已。

每个人只有一次生存的机会，都是独一无二、不可重复的存在。正像卢梭所说的，上帝把你造出来后，就把那个属于你的特定的模子打碎了。名声、财产、知识等都是身外之物，人人都可求而得之，但没有人能够代替你感受人生。你死之后，没有人能够代替你再活一次。如果你真正意识到了这一点，你就会明白，活在世上，最重要的事就是活出自己的特色和滋味来。你的人生是否有意义，衡量的标准不是你取得了多少财富，而是你对人生意义的独特领悟和个性的坚守，从而使你自我闪放出个性的光华。

用手触摸工作，用心感觉生活

生命是人从降生到死亡的一个过程。在这个过程中，我们应该细心地去品味生活，发现生活中的幸福与美好。领略生命历程中，亲情、友情、爱情以及对周围事物的微妙的感情。只有用心去观察，用生命去感受，这样的人生才会拥有最美好的生活，才能体会到生活带给我们的每一份感动。

生活的真谛不是轰轰烈烈，那只是对少数人生命的诠释，我们的生活是真实的，也是平凡的，平凡的生活中存在着很多平凡的感动。用心去体验生命的历程，让感动贯穿于我们的一生，这样的生命过程才拥有真正的生活。

生活中，我们经常会听到周围有人抱怨生活很郁闷，亦或是活得很疲累。繁忙的都市生活给大多数现代人带来了太多的压力，快节奏的生活方式使他们忙于奔波。其实，生活中有很多美好的东西值得你细细品味。有时候即使只是一件很小的事情也可能给你带来快乐，关键是要用心感受生活。只要用心去感受生活，你会发现原来生活中还有这么多令人快乐的事情。

生活就是这样，需要我们用心来感受它的一点一滴的美好。其实幸福是无形无状的，但又是无处不在的，最重要的是你如何去发现它的存在。懂得享受生活乐趣的人，他们从哪怕是一点点的小事中都能获得快乐。也许是因为他们拥有一颗感恩的心吧，感谢生活带给他们的一切，知足常乐；也许是因为他们拥有一颗善良的心吧，乐于帮助别人并因此而获得快乐，助人为乐；也许是因为他们拥有一颗细腻的心，善于发现生活的美好，自得其乐。

用心生活，就要努力工作，专心做事，就要像狮子扑兔子，要全力以赴，更要像小鸟筑巢时的那般细心和负责。用心做事的人像是从事一门艺术，他们能看到生活中最美好的风景。

一名农夫在偏远的农村待了一辈子，从来没有离开过那片土地。当一位记者去采访他，问到他一辈子都住在这种恶劣的环境中，而没有离开过大山，是否感到遗憾时。他回答说“没有遗憾，我每天都感觉到很快乐！”

生活要用心灵去感受，更要用包容、豁达的心情看待生活，即使我们处于生命的低谷，也会觉察到人生的美好与幸福。

生活中的一切，不论是苦难还是幸福，不论是烦恼还是快乐，都有其存在的理由，我们都无法回避，无法挑选。有句话说：“有时候命运让我们不能选择，但是我们可以选择的是人生的态度——不向命运屈服。”用心对待，只有这样我们才能真正体会到人生的美好。

生活中有很多人对于工作的感觉千篇一律是“单调、枯燥无味、辛苦”等等，只有极少数的人谈到他们的工作时神采飞扬，他们会自豪地告诉你，他们的工作速度如何之快，超过了目标的多少，任务完成又达到什么样的新水平。那种快乐溢于言表，他们是享受到了工作的乐趣。然而我们又要怎样才能享受到工作的乐趣呢？这关系到大家对自己的工作兴趣培养的问题。在我们绝大多数员工乃至管理层中，普遍存在着一种这样的观念，认为自己的工作“不得不做，非做不可”才去做的，完全处于一种被动状态，导致大家对自己的工作显得十分乏味、枯燥。如果我们都以这种心态去工作，怎能领悟到其中的乐趣呢？

我们要用这种观点对待工作：从事一项工作，不如喜欢这项工作；喜欢这项工作，不如享受这项工作。这句话在实践中会让你感觉到其深刻的道理。

喜欢工作、享受工作与痛苦工作、被迫工作，其道理相当于自愿锻炼身体与被动劳作的差异效果。用付出的体力来衡量两者可能差不多，但是心情愉悦程度却大相径庭。因为其前提一个是“自愿”，一个是“被动”，自然也就产生两种心情，一为享受，一为付出。

经常听到一些人因工作繁忙而叫苦不迭，殊不知，只有善待工作的人才会忙，只有“忙”才会让你有成就感，才能让你的生活有意义！有些人在退休后感到无事可做时，往往会发出这样的感慨：现在想做些什么也不可能了，早知这样，当初就应该多做些事就好了。奉劝那些整天无所事事的人：努力提高自己，投身工作，享受工作。

有人就幸福和痛苦说过这样一番话：什么是幸福？幸福是一种感觉，自己感到幸福就会很幸福；什么是痛苦？痛苦就是有空闲的时间去琢磨自己是不是幸福。这话真的很富有哲理。倾心忙于工作，作为一种享受，就会感到很知足，就很少有时间去想东想西，烦恼自然也会少了许多。“工作并快乐着”的感觉估计很多人都有，也许刚开始工作的时候不习惯，总感觉有好多事情要做，一天下来，累得身子像跨了一样。但当你在工作上取得成就的时候，就会感到欣慰，这种欣慰是发自内心的，让你深切地感觉到工作带给你的意义。工作，让你感到多么的快乐。

工作着是美丽的，工作着是快乐的。19世纪英国哲学家克雷尔说：“在工作本身找到乐趣的人有福了，因为他不必再求其他的福祉了。”

但是为了能够获得愉悦的工作环境和工作体验，为了能够使自己幸福地工作，我们还是应该对自己的工作目的有一个理性的审视。

一个人在社会上工作，最基本的目的就是要获得维持生存和生活的基本生活资料，这是工作最根本的目的。然而，工作也是我们的生活，我们不能把工作的实际从我们的生活中转移到另一个空间，所以，我们要用热忱的心态去对待工作。

有时候我们总感觉工作是多么的枯燥，多么的乏味，做稍许就很疲惫，总是埋怨工作的好坏，从而也阻碍了成功的步伐。如果你工作之余敞开心扉多思考一些工作的乐趣，给工作注入生命，你将会轻松自如。

李君是一家机械维修公司的一级修理工，上班时他不是拧螺丝，就是开车床，整天得跟这些油乎乎的机器零件打交道，工作无聊到极点，但他却不能放弃这份工作，因为他必须以此为生。于是，李君就下决心改变这个局面，便开始着手钻研这些机器的构造是怎样的，如：为什么汽车能运行？运行一段时间后为什么会发热？汽车运行原理与火车有何不一样？如此一来，他的这份工作对他就很有吸引力。经过努力，他成为该公司的维修专家，后来他被送到一所大学去进修“机械制造”专业。

一个人对工作所具有的心态，就是他人生的部分表现。一生的职业，就是他志向的表示、理想的所在。如果一个人只是为了薪水去工作，那就代表他是不忠于生活的。工作是我们生活的一部分，我们要在工作中享受生活的乐趣。

世界上不存在永远让你高效的工作。任何的工作最终都会归于一种平淡，就像生活给我们的感觉一样。你要想做好并享受你的工作，就必须接受这种平淡，而且从这种平淡中享受它带给你的乐趣。

人活着必须要工作。只有工作才能为社会创造财富；只有工作才能获取谋生手段；只有在工作中，人才能磨炼自己，发展自己。但工作不是生活的全部，生活不是为了工作，而工作是为了生活。如果仅为工作而生活，那我们人就成了异化的对象。正确的人生态度应是：工作时工作，生活时生活，并以享受生活而非拼命工作作为人生的目标。

我们平时在工作的时候，大脑总是处于一种紧张、亢奋的状态，一个工作结束，另一个马上接替上来，周而复始，身体机器超负荷运转，来不及调整，最终以崩溃作为代价。

于是，很多人的工作、生活理念正在悄然发生变化：渴望在工作之余找到一片能使身心放松、压力缓解的“绿洲”。其实，在工作的同时你也可以享受到它的快乐，可以让自己过得轻松愉快。

有张有弛，像音乐一样有节奏感，才会让工作变成悦心的事情，完成后才会有成就感。工作总是无止境的，调整自己的心态很重要，不要把工作当成自己唯一的生活重心，否则心很快就会疲惫，兴趣很快就会消失，如果想到工作后还有上网，听歌，聚会，聊侃，多姿多彩，你会充满希望，轻松应对。在这种放松的状态中，你也许还会思路大开。

真的，放慢脚步，紧张中找些悠闲，保护自己的身心健康，才是最重要的。

因此，无论你平时工作多忙，都不要把自己逼得太紧，也不要活得太累，要有张有弛，这样生活工作才相得益彰。

愿意的人命运领着走，不愿意的人命运拖着走，智者与命运结伴而行。别把生活和工作当作沉重的负担，如果你仔细聆听，上面布满了幸福的音符。

用心感受生活，就会多一份享受，少一份抱怨；多一些快乐，少一些烦恼；多一些成功，少一些失败。

直面压力是一种勇敢

一帆风顺的人生犹如没有波涛的死水，平静却没有活力。生活犹如大海，需要承受各方面的压力，只有接受并直面压力，生活之海才能在与压力的抗争中激出美丽的水花，展现绚美与多彩。

“人生不如意事，十有八九。”人生到处充满了挫折、伤痛、苦难甚至是绝望。诗人聂鲁达说：人生是一场历险，在一定意义上，也可以说人生是一场苦难。人生之帆随时都有遭遇风险的可能。

强者能在人生海洋中自由航行到达彼岸，而畏惧风险的懦夫，永远只能躲在宁静的港湾，欣赏别人的乘风破浪。在人生的旅途中，风险将不期而至，我们必须有大无畏的精神，镇定以对，这同样是你锤炼自己的机会。“任凭风吹浪打，我自岿然不动。”这是成就大事者处事的风度。以勇士的精神面对危险，以骆驼般的忍耐来担负压力，从危险中发现机会，并采取有效的行动，以摆脱险境。

在西方生意场中，要是你没有破产的经历，只能算个无足轻重的小人物。一旦你破产超过三次，就会有人站出来拍胸脯支持你再干。因此，那些跌倒了爬起来掸掸身上尘土再上场一拼的人，才会在充满竞争的人生中获得成功。

能够正确面对压力，通过积极的努力，化压力为动力，这样的人生才能活得精彩。

亨利·福特在年轻的时候曾有过这样一段经历：他在一所普通大学毕业后到处奔波求职，一次次的应聘失败并没有让他丧失信心。为了获得一间安静、宽敞的实验室，福特和妻子数移其居，吃尽了搬迁之苦。

短短的几年，夫妇俩到底搬过几次家连他们自己也说不清了。每一次搬迁带给他们的都有新的收获，因为贫困和挫折不仅铸造了福特夫妇坚忍不拔的性格，而且使他们更加熟悉了社会，了解了人生，为未来新的冲刺做好了思想和技术的准备。

后来福特终于实现了自己的心愿，爱迪生照明公司决定让他到主发电站负责修理蒸汽引擎。不久，他又因为工作出色，被提升为主管工程师。

成功者都是在压力下成长起来的，面对压力，他们没有退缩，而是勇敢地想办法去克服，最终他们在压力下脱颖而出。同样，每个现代人都承受着许许多多的压力，无论你是刚上学的孩子、大学生，还是为人父母者；无论你是普通职员、企业老板、演艺明星还是赋闲在家的退休人员。压力都是促使我们奋发向上或是过早地退出人生舞台的决定性力量，并且在某种程度上可够得上被称作为一种真理的资格。难道不是吗？

没有压力的生活就意味着不必在乎时间，不必在乎上学、工作，不必在乎职位，不必在乎亲朋好友，不用关心你的伴侣、孩子和宠物……这样的生活，你能忍受得了吗？而忍受本身就是一种明显的压力吧？你说你能不能逃离压力的控制呢？

如果不相信，请试想一下，你是否曾经出现过危机意识？是否消沉过？是否有过深深的忧虑和懊悔？是否莫名其妙地感到苦恼、嫉妒、痛苦？是否猜忌过某人某事？是否悲哀和厌烦过？其实，只要拥有正常的人生，就会明白这些东西犹如空气一样紧紧笼罩着你，一天二十四小时，包括你的做梦时间，而你却无法拒绝它的存在。

因此，我们每天每时每刻每分每秒，可以说都不会有脱离压力的真空状态！

在这里先举一个简单的例子，当你站在海边高耸的岩石上，肯定会感受到脚底下汹涌的海潮扑面而来的危险气息。这时候你也肯定已经对自己说了几千几百个小心、小心、再小心。除非你早已想自杀，否则一定没有傻乎乎地还在岩石上乱跑乱闹的可能。这就是压力所带给你的感觉，有点恐怖，同样有点奇妙。

可以说，足越来越高的期望值，适当的压力能使你以积极乐观的态度，在这个变得日益复杂的社会中努力工作、生存。

在生活中，在这个四周充满竞争的社会里，谁要是拒绝压力，谁就注定无法生存。这个世界上未知的事情太多，我们无法超越科技，却可以接受现实；我们无法预知未来，却可以把握现在。作为一个现代人只有善于找出压力、控制压力并且合理地排解压力、利用压力，才能以从容的姿态去积极面对生活，进而向人生更高层次求得发展。

不向压力低头，我们的生命之花才能开放。人的生命犹如一朵花，要经受千般的磨难才能开放，而压力就像一道道犀利的光，可把生命的花蕾烧焦，但如果生命之花能用奋斗的汗水浇灌自己，那生命之花便可在光的照射下绚烂开放，熠熠生辉。不向压力低头，在压力面前，我们要勇敢地前进，要化压力为动力，走向成功的巅峰；如果向压力低头，人便成为压力的奴隶，永远没有成功的可能。不向压力低头，使狄更斯越挫越勇，使他成为英国近代史上唯一可以与莎士比亚媲美的作家，使他的生命之花在世人心中常开不败。

压力是只纸老虎，只在懦弱的人面前有威力。直面压力，我们可以走得更远，我们的生命可以更充实，我们的生命之花可以更美丽。正确地看待压力，我们会更成功。正所谓“知己知彼，百战百胜”，压力是一种抽象的东西，是水中花镜中月。只有看清它的“真面目”，我们前进的步伐才不会因它而迟缓，我们拼搏的身躯才不会被它压垮，我们火热的心才不会被它浇灭。看清压力，做好前进的路线图，成功离我们不再遥远。

常言道“天将降大任于斯人也，必将劳苦筋骨，苦其心志”，压力也是上天赋予我们的财富，因为压力，我们的生命才更完美。如若是一株草，就请顶住厚实土壤的压力，绽放自己的活力；如若是一座山，就请顶住地壳的变动，站出自己的高度……勇敢地直面压力，生命之花才能开放。

工作是你必须去面对的

有人抱怨工作枯燥、单调、沉闷，收入不高等等，没有一点快乐而言。在你没有能力和条件改变工作时，应努力去适应工作，快乐无处不在，积极去发现和创造工作乐趣，而不是自寻烦恼，你会发现有些事不像你想象的那样糟糕，关键在于你对它的态度。

一个人走出学校融入社会，就开始了他的职业生涯，从此工作将伴随他的大半生。

我们每个人都面临着这样一个严肃的事实：由于生活或其他原因的需要，我们必须长期地、努力地工作。因此，拥有一份满意的工作，是人们所向往的。即使拥有一份不满意的工作，对某些人来说也是一种幸事，因为工作是必需的。

人为什么要工作？有些人认为工作是为了挣钱，养家糊口；另一些人则认为工作不仅是为了挣钱，更是个人价值观的体现，工作使他们达到自我实现。如果失去了工作，面临的不仅是经济危机，更重要的是心理上的失衡，个人价值观的丧失，自尊心的损伤，这些都会使人产生比经济危机还重的精神压力。因此，工作与我们的心理健康密切相关。

有句著名的话叫“工作着，是美丽的”，可是有一些朋友却将其篡改成“工作着，是郁闷的”。说起来个个振振有词：每天顶着太阳上班，披着星星下班，挨老板责骂，被同事挤兑，到头来只能数着寥寥几张钞票，算计着下个月的供房款。工作着，何其不爽！

“为什么要工作？”你是否这样问过自己？

1954年，社会学家怀兹等人对数百名美国人问过这样一个问题：当你发现自己拥有一笔不必工作也能维持生计的遗产时，你会不会脱离职业人的行列？结果发现，竟然有80%的人回答：“即使自己生活富裕，仍然愿意继续工作。”至于理由则有下列种种：

——工作是一种乐趣；

——希望自己的内心经常保持充实感；

——以此维持自己的健康；

——通过工作可以促进人际关系；

——工作着证明自己是活生生的人；

——保持自尊心……

对另一个问题：“如果没有工作，你会怎样？”大多数人是这样认为的：

——每天将会无所事事，感到极为无聊；

——不再觉得自己是活泼、有生气的；

——觉得自己似乎成了废人……

在工作中，除非纯粹机械的，没有人不想表现他自己。凡是经过人劳动生产的东西，他的个人价值也必在里面。这种表现力是与生俱来的，是促使人类做事的原动力。

人需要在工作中寻找其归宿和价值，实现其理想。人总得找点寄托，能够把工作同理想、兴趣、爱好融合起来的人是幸福的。

乐队指挥鲍勃·克劳斯贝的儿子，曾被问到他父亲和他的叔叔平·克劳斯贝每天的生活情形。他回答：“他们永远都在愉快地工作。”

好奇的人又问他：“那你长大之后希望怎样呢？”

“也是愉快地工作。”小克劳斯贝毫不迟疑地回答。

是的，人不能不工作，这个道理连孩童都懂，好在人能形成工作的习惯。有了这种工作习惯，人就会习惯任何工作，不管那到底是什么工作。最后，哪怕是不需要工作的时候，人也会渴望工作，这是人的升华。

在这个世界上，万物都在悠闲中过日子，唯独人类在工作着。人不能不工作，文化在日益进步，生活也日趋复杂，到处是义务、责任、恐惧和阻碍，这些东西不是由大自然产生出来的，而是由人类社会产生出来的。

社会是人的产物，没有人就不称其为社会；人终究是社会性的人，必须工作。在社会中，人和人的相互作用是以社会为前提发生的。

当欧洲处在信仰时代时，一个城市要建筑一个教堂，石匠、瓦匠、木匠、雕刻家、画家、建筑家全都来了，他们拿出最好的技能献给上帝。一个教堂是这样，一个组织、一个社会乃至一个世界也是这样，个人必须拿出最好的表现奉献给社会。不这样，社会便停止发展，便成了一堆死灰。

每个人都应思考为什么要工作，尤其是工作的社会意义。诺贝尔经济学奖得主布堪纳特别迷恋美式足球，是一位铁杆球迷，他从不错过每年一度的季后赛。原本一场60分钟的比赛，少不了犯规、换场、中场休息、伤停补时、教练叫停等等，这样要耗费很多时间。

花这么长的时间在电视机前看比赛，布堪纳感到很浪费时间，竟产生了罪恶感。然而，球赛又不能不看，为了在心理上找到平衡，他决定给自己找点事干。

他记得曾经从后院捡了两大桶核桃，于是就把这些核桃搬到客厅里，一边看电视一边敲核桃，这样或许能心安理得一些。

布堪纳边看球边敲核桃，还在不停地思考：为什么自己长时间坐在电视机前会有罪恶感？为什么自己这么一会儿没工作就心里觉得不踏实？

布堪纳在不断地敲核桃的过程中悟出一个道理：社会赞许工作，工作不仅对个人有好处，对其他人也有好处，如果一个人饱食终日，无所事事，那么除了他自己的得失之外，别人也享受不到他从事生产带来的“交易价值”。

社会对工作赋予道德上正面的价值，直接或间接地促进了社会的发展和进步。如果有一天人类停止了劳动，那就意味着人类社会自身的毁灭。除了为赚钱而劳动之外，凭借每天工作的进行，人们还可以满足心理上的欲望，并借此肯定人生的价值，实现人生质的飞跃。从这个意义上说，劳动是一种快乐。

人不能不工作，道理很简单：工作不过是人赖以生存的方式而已。人要吃饭，要养家，要买房，要买车，要供子女读书，还要享受……如果想要吃得好、穿得好，把下一代抚育好，就必须工作。

弗洛伊德在《文明及其不满》一书中提到：“如果是出于自由意志的选择，为了谋生而从事的日常工作会带来非比寻常的满足感。通过升华，工作能从个人喜好或直觉冲动中发掘潜力，这种原始力量，由于其内在原因要比寻常的力量来得更为强烈。”

人世间的事情就是这样，人们必须工作以换取生活，当然有其他的交换方式，如抢劫、行骗，但某些方式的选择不适当会产生恶果。生活对我们任何人都不容易，我们必须工作，而且最重要的是我们必须爱自己。

我们的生活目的不仅仅是赞美上帝和证明他创造的奇迹，更是要通过手和脑的工作——主要是脑——去消费。我们生活在一个以工作为主导的社会中，被与消费职责紧密关联的工作伦理所控制。过去人们工作是为了创造以便保持我们的温饱；现在人们工作为挣钱，挣钱为消费，消费又促进人们更努力地工作。

无论你有多么崇高的使命感，多么远大的理想，你必须工作，否则在经济上不能独立，其他想法也无法付诸实施。任何人——不管是男人还是女人——都必须工作才能生存。人不能不工作，工作是自己的责任和义务，一个人应为实现自我价值而独立奋斗。

可怕的不是事业失意，而是心灵失控

没有人喜欢失败，也没有人不害怕受到失败的打击。然而人生偶有失意，在所难免，一向得意容易让人忘形。为失败哀怨，对现实不满也是无用之举，一切当以心宽化解之。失意是一种磨炼的过程，心即使在冰冻三尺之下也不会凉的。

我们在工作时，不可能事事一帆风顺，也不可能要求每个人都对我们笑脸相迎。很多时候，我们也会被他人误解，甚至被嘲笑，被轻蔑。这时，如果我们不能善于控制自己的情绪，就会造成人际关系的不和谐，对自己的生活和工作都将带来很大的影响。所以，当我们遇到意外的沟通情景时，就要学会用幽默的力量控制自己的情绪，因为轻易发怒只会造成反效果。

胜利与失败是相互依存、相互转化的，一时的失意并不代表最终的结果。在一般情况下，在一定意义上说，每个人都程度不同地经受过失败，品尝过苦涩的失败之果。可能没有人统计过失败与成功、与胜利的比例关系。但基本可以肯定地说，失败一定不少于成功和胜利。也许就是因为这样的理由，产生了许多关于失败认识论，或叫失败观。有的人把失败看成是匆匆往来的过客，自然地面对着；有的人把失败看成是一种耻辱，认为只要败了就一切都完了；有的人把失败看成是一定条件下的必然结果，不管什么人都败不可免……那么，那些历经失败而最终走向成功的人们是怎样看待失败的呢？

历史上和现实中气度恢宏、心胸博大的人，都能做到有事断然、无事超然、得意淡然、失意泰然。正如一位诗人所说：忧伤来了又去了，唯我内心平静常在。

松下电器的总经理山下俊彦在谈到失败时，曾这样说：“要使每个人在松下工作感到有意义，就必须让每个人都有艰难感。如果仅仅工作不出差错，平平安安无所事事，那就毫无意义。艰难的工作容易失败，但让人感到充实。我认为即使工作失败了，也不算白交学费。因为失败可以激发人们再去奋斗。”

一般人都不太知道，山下从1948年到1954年，曾经脱离松下公司到一个小灯泡厂工作。当时山下的顶头上司谷村博藏（其后当上了松下副经理、山下的同乡），也是脱离松下单干的，山下就是跟谷村去的。山下自己回忆说：“我当时是糊里糊涂进松下公司的。所以谷村一劝说，没有多考虑就辞掉了松下的工作。”“我是个怯弱的老实人！是极平常的职员。”然而谷村的公司没干上两三年就垮了，谷村回到松下。山下没回去，转到另外一个灯泡厂。对于怯弱的人来讲，一旦离开的地方，是不情愿再回去的。山下在那个小工厂里，从制造、销售到当经理都是他一个人说了算。山下回顾说：“那里的生活是充实的。当时真想在那里干一辈子。”假如是这样，今天松下就没有山下经理了。在山下脱离松下的第六年，谷村希望山下回到松下与菲利浦联合企业。当时该公司正在开发电子设备产品，急需中层管理人才。

山下确实是个老实人，他几次回绝谷村的招聘。不过，他最终没能按自己的意志坚持下去，他被谷村说服了，重新回到了松下。

从此，山下变了，他从一个老实脆弱的人，变成一个不屈不挠的人，这是经受挫折与痛苦之后磨炼出来的。

谷村当时在与菲利浦公司联营的松下电子厂。山下被拉去后，曾当过电子管理部长、零件厂厂长。他把菲利浦公司的经营管理方法学到手，其后又出任西部电气常务。过了四年，他升任冷冻机事业部长。这中间他吃过许多苦，他后来回忆说："西部电器、冷冻机事业部时代的经验，对我来讲实在珍贵。当时，几次陷入困境，硬着头皮埋头苦干，总算自己感到扬眉吐气了。那正是我三四十岁阶段，做了超越自己能力的工作。"

对于当时所受的困苦，山下认为是锻炼。他告诉我们，不要担心失败，这不算白交学费。他说："困难并不是坏事，是对希望的挑战。工作中克服困难的过程可以培育人才，也会有发展。单纯追求利润是没有什么意义的，困难的工作带来的好处是产生兴奋，刺激大伙更好地协同合作，而且也能让工作人员明白自己的地位和责任。"

山下之所以能如此讲，是与他三四十岁时所经历的曲折道路有关。如前所述，山下在当空调机事业部长时，吃过一次大败仗。那一年，山下的空调机事业部年产量从10万台增长到50万台。可是没想到遇上一个冷夏的气候，真是意外打击。对此惨状，山下非但没有叹气，反而亲自举办盛大宴会，激励职工重新大干。

中国明朝学者崔后渠曾有句名言："得意淡然，失意泰然。"意思是说，在人生得意或某件事情得以圆满解决的时候，不要那么兴致勃勃，而要努力保持谨慎、冷静的态度；而在失意、落魄的时候，决不伤心气馁，乱了方寸。

当然，做到这样是相当困难的，可是山下却实践了这句名言。他说："人在失败的时候，反而能产生忍耐力和克服困难的勇气，要反省自己的错误，弄清楚问题的症结。与其说失败可怕，莫如说是在其相反的时候——顺境更危险。一旦被提拔、晋升，官架子就摆起来了，失败也就孕育其中了，从我的经验看，被提升的人有一半以上都是在一帆风顺的时候出现问题的。”

到1980年，松下已经变成资本达两兆日元的大企业。当时日本产业界销售额达2兆日元的只有3家，即丰田汽车、日产汽车和新日铁。而松下比预定计划提前一年突破了2兆日元指标。

可是，作为总经理的山下没有流露出自己的喜悦，而是说：“销售额超过2兆日元，也不能心安理得，销售额增加的同时，必须充实新内容，否则就没有什么意义了。”

正是从这一年起，山下开始整顿公司体制，着手进行从家用电器制造到电子综合产业的改革。

“从销售额上看，菲利浦是3.8兆日元，美国通用电气公司（GE）5兆日元。不仅销售规模，就是在利润率上，我们的纯利润率是4%，而GE的6%远远高于我们。因此，松下的目标是要赶上GE！”

山下这样引导部下，不要陶醉于眼前的好成绩，要鼓起新的干劲，向更高的目标迈进。有人背后议论说：“山下欲望太大了！”然而，人在得意的时候，不要忘记会出现“陷阱”的危险，正是山下铭刻在心里的警告。人们常说，失败是成功之母。

胜利和失败，乍看起来差异很大，一个趋向积极，产生欢乐和喜悦；一个趋向消极，诱生悲苦和忧愁。但它们在本质上是互相依存、互相转化的，是一个统一体的两个方面。

一个人如果只能享受成功时的得意，不能忍受失败时的失意，允许其情绪控制其行动的人，只能在生活中成为一个弱者。

对于职场打拼一族来说，工作失意已经很不幸了，而失意所引起的健康隐患就更是雪上加霜。很多人因此伴生出诸多心理、生理上的病症：其内在表现是焦虑、惶恐，不知所措。外在表现则是没有精神、心烦气躁、忧郁、自闭。

英国科研人员最近发现，人如果工作失意，容易导致中风发生。心理学家发现，若为一个自己不喜欢的老板工作，不仅会带来精神上的不快，还容易影响身心健康。研究人员为28名关注自身健康的职员进行了数日血压测定，结果显示，那些认为上司不公或不讲道理的雇员，在与上司打交道时血压显著升高。

研究还发现，那些不受人尊敬和信赖、偏听偏信的上司最容易引起雇员血压升高。尽管短暂的血压升高并不算什么大问题，但如果在工作中一直处于高血压状态，心血管系统就很可能受到损害，具体表现为冠心病发病风险上升16%，中风的危险上升38%。此外，研究还发现对不喜欢的上司或同事忍气吞声容易引起头痛。精神长期处于紧张状态，是一些头痛患者的主要病因，而头痛又会导致失眠，失眠又导致精神紧张，长期下去造成损害健康的恶性循环。

心理学家有几点建议。

（1）宣泄积郁。心理学家认为，宣泄是人的一种正常的心理和生理需要。你悲伤忧郁时，不妨与异性朋友倾诉；也可以通过热线电话等向主持人和听众倾诉；也可进行一项你所喜欢的运动；或在空旷的原野上大声喊叫，即能呼吸新鲜空气，又能宣泄积郁。

（2）随遇而安。这是心理防卫机制中一种心理合理反应。培养自己适应各种环境的能力，遇事总能满足，烦恼就少，心理压力就小。古人云："吃亏是福。"生老病死、天灾人祸都会不期而至，用随遇而安的心境去对待生活，你将拥有一片宁静清新的心灵天地。

（3）精神胜利。这是一种有益身心健康的心理防卫机制。在你的事业、爱情、婚姻不尽如人意时，在你因经济上得不到合理对待而伤感时，在你无端遭到人身攻击或不公正的评价而气恼时，在你因生理缺陷遭到嘲笑而郁郁寡欢时，你不妨用阿Q精神来调适你失衡的心态，营造一个祥和、豁达、坦然的心理氛围。

（4）难得糊涂。这是心理环境免遭侵蚀的保护膜。在一些非原则性的问题上“糊涂”一下，无疑能提高心理承受的率值，避免不必要的精神痛楚和心理困惑。有这层保护膜，会使你处惊不乱，遇烦恼不忧，以恬淡平和的心境对待各种生活中的紧张事件。

（5）音乐冥想。当你出现焦虑、忧郁、紧张等不良心理情绪时，不妨试着做一次“心理按摩”——音乐冥想“心理按摩”——音乐冥想“维也纳森林”，坐“邮递马车”……

（6）幽默人生。这是调和心理环境的“空调器”。当你受到挫折或处于尴尬紧张的境况时，可用幽默化解困境，维持心态平衡。幽默是人际关系的润滑剂，它能使沉重的心境变得豁达、开朗。

让忙碌充实你的空虚心理

对于手头上的任何工作，我们都应该集中全部精神和所有力量去做。即使是微不足道的小事，也应集中精力去做。与此同时，一旦做出决策，就要立刻行动。勤奋努力、做事敏捷、充满热忱、血气如潮、富有思想，这样才能把自己的事业带入成功的轨道。

空虚，是指百无聊赖、闲散寂寞的消极心态，是心理不充实的表现。

空虚心理实际是一种社会病，存在极为普遍，是一种危害健康的心理上的疾病，指一个人没有追求，没有寄托，没有精神支柱，精神世界一片空白。

空虚的心理，可来自对自我缺乏正确的认识，对自己能力过低的估计，终至整天忧郁，思想空虚；或是因自身能力和实际处境不同步，陷入“志大才疏”或“虎落平川”的窘境中，常常感到无奈、沮丧、空虚；或是对社会现实和人生价值存在错误的认识，以偏概全地评价某一社会现象或事物，当社会责任与个人利益发生冲突时，过分地讲求个人的得失，一旦个人要求得不到满足，就心怀不满，“万念俱灰”；或是因退休、下岗、失恋、工作挫折、投资失误、经济拮据等导致失落困惑感使然。

要知道，人生在世是艰难的，是不容易的，不会总是有顺境的。生活在五光十色的大千世界中，不会总是一帆风顺，难免会碰到不顺心不如意的事情，也就必然会有喜、有忧、有得、有失。人，要有点精神，就是说既要有精神追求，又要有精神准备、有精神支柱、有献身精神。有了这点精神，人生中的喜忧得失，又算得上什么呢。

“外面的世界很精彩，外面的世界很无奈”，这就要求人们要面对现实，面对生活，“不以物喜，不以已悲”。无论在什么地方，做什么事情，遇到什么问题，都应该沉着冷静，保持良好的心理，实事求是地应对一切。人老了，退休了，还可奉献余热；下岗了，再求职，作为人生拼搏的第二起点；工作受到挫折，投资失败了，要汲取教训，总结经验，审时度势，东山再起，将其视为成功的“奠基石”。总之，不要灰心，不要气馁，充实自我，战胜空虚，就一定能迎来精神和事业上的光明。

有人说，一个人的躯体好比一辆汽车，你自己便是这辆汽车的驾驶员。如果你整天无所事事，空虚无聊，没有理想，没有追求，那么，你就根本辨不清方向，不知道这辆车要驶向何方，这辆车也就必定会出故障，会熄火的，这将是一件可悲的事情。

很多年轻人说：“工作愈忙愈好、愈有干劲、愈有生气。”“工作松懈是最要不得的。”“只有在忙碌时，才能感觉出青春活力，否则就和暮气沉沉的老头子一样。”其实，并非年轻人如此，年纪大的人也一样，人本来就是喜欢工作，同时也能在工作中得到最大的满足。

工作忙碌与工作不忙碌的人都感觉出下列两种情形：

（1）能尽全力工作时，会感到精力充沛，长久保持年轻。

（2）偷懒工作时，会感到畏难苟安、毫无生气，如同行将就木的老人一样。

人若到了忙得不可开交时，就觉得生命充实、有意义。当忙碌的一天结束时，他心中就有今天工作得很不错的一种满足感和成就感。

年轻人常说："如果我用尽心力忙了一天，到了下班后，依然我还觉得兴奋，连一杯苦涩的咖啡，我也会高高兴兴地喝。"大部分人对于工作的忙碌，都觉有干劲、有生气。所以，工作忙得不可开交，就是让你觉得自己有干劲、有活力、有自信的最好方法。

一个人如果萎靡不振，那么他脸上必定毫无生气，整个人看起来呆头呆脑、无精打采。那么他做起事来就不可能有朝气、有活力、更不能出成果。世间最难治也是最普遍的病就是萎靡不振。萎靡不振往往使人陷于完全绝望的境地，永远没有希望。一个人要有意识、有意志地让自己拒绝懒散和萎靡不振。方法就是做起事情来要全身心地投入，即使在很疲惫的时候，也应该如此。

当我们对工作倦怠，当某一种目标难以实现，受到阻碍时，不妨转移目标，如除了学习或工作以外培养自己的业余爱好（绘画、书法、打球等），使困扰的心平静下来。当有了新乐趣后，就会产生新的追求，有了新的追求就会逐渐完成生活内容的调整，并从空虚状态中解脱出来，去迎接丰富多彩的生活。

空虚心态往往是在两种情况下出现的，一是胸无大志，二是目标不切实际，使自己因难以实现目标而失去动力。因此，摆脱空虚必须根据自己的实际情况，及时调整生活目标，从而调动自己的潜力，充实生活内容。

劳动是摆脱空虚极好的措施。当一个人集中精力、全身心投入工作时，就会忘却空虚带来的痛苦与烦恼，并从工作中看到自身的社会价值，使人生充满希望。

当一个人失意或徘徊之时，特别需要有人给以力量和支持，予以同情和理解。只有在获得很多人支持时，你才不会感到空虚和寂寞。

读书是填补空虚的良方。读书能使人找到解决问题的钥匙，使人从寂寞与空中解脱出来。读书越多，知识越丰富，生活也就越充实。

顺应自然的工作方式

陈旧的工作方式只能让人非常紧张，得不到放松。要提高工作的效率，能让自己持之以恒，就要保持一种轻松的心态。在放松中，慢慢地就会产生兴趣，焕发热忱，这时头脑里就会分泌出内啡肽，你就会有快乐的感觉。

这似乎是一个上班族普遍过劳的年代，想要保持最好的工作品质，最好要学习怎样调整自己的工作步伐，免得被过多的工作打败！

虽说不见得要掌握每一个机会，不见得要回应每一个人，但谈何容易！到底我们要如何去判断何者是值得把握的或是一定跳过的呢？还有，决定跳过某个机会时，有没有比完全放弃更好的替代方案？我们就要顺应自然，不要让自己拼死在固有的条条框框中。

美国阿肯色大学最近的一项研究表明：压力的产生不取决于工作时间的长短，而取决于工作方式。

现代社会工作、生活节奏过于紧凑，必须有更灵活的工作方式来激起人们的工作热情，帮助人们调整最适合自己作息习惯的生物钟，以保证有充足的休息时间来“降压”、“解压”，让自己的头脑时刻保持高度的清醒。

因此，当我们忙碌时，必先专注于少数的“大事”，下定决心，应该把有限的时间，用在效益最高的事上。例如，同时有几件事要应付，应先专注于“效果最大”，或“最紧急”的那件来做。

还要学会“拖延”不重要的事。很多不重要的事，需要有技巧地去回避，甚至拖延。例如，在上班时间，与同事谈完工作上的事，即可各自忙去。至于嘘寒问暖，就可以等到午休时间或下班时间再说了。

要多工处理，学会同时做不同的事情，或者用事情的空当打电话、复印需要的文件，都可以替你创造出更多的时间。

要懂得说“不”！当同事带着可爱的微笑请你“帮个忙”，有时基于同事之间的情义，当然可以多多帮忙。但是聪明的职场工作者，有时也要学会说“不”，推掉一些事，免得帮了别人，自己的工作却搞砸了。

当然也要懂得搬救兵，别以为能干的人都“事必躬亲”！在工作中，碰到自己太忙，或自己处理反而没有效率等状况，都是寻求外援的好时机。如果是公司内部理应给予支援，就不要客气，尽管向上司提出需求。

当工作太累时，给自己一点奖赏。你可以在工作中为自己设立几个里程碑，每忙到一个段落，就给自己一点奖励。奖励自己，可以让自己更有效率地再出发。

职场生涯是长长久久的，健康的身体才是根本。千万不要为了工作而忽略了运动与健康的饮食。别让病痛耽误了你的发展，要尽量保持身体最佳状况。

或许你会有“人在江湖，身不由己”的状况，结果，无论如何调配，你工作中还是不免“忙中有错”。那该怎么办呢？如果这个错能够补救，就努力去改，万一不行，我们要做到不必放在心里，也不要一直觉得很愧疚。

第三章

平安是幸，知足是福

平安是幸，知足是福，清心是禄，寡欲是寿。

人要择善而交，书要择善而读，言要择善而听，行要择善而行。这样的人必定是一个快乐的人。人的快乐往往不是来自于他拥有的多，拥有多的人未必快乐，反而会招来更多的烦恼。快乐的人是因为计较的少，清贫乐道自自在在，所以才会快乐，时时快乐。

退一步天宽海阔，让三分心平气和。人为善，福虽未至，祸已远离；人为恶，祸虽未至，福却已远离。不妄求，则心宽，心宽则是想得开！不妄做，则身安，身安才能吃得下，睡得着！

没有欲望，就没有烦恼

世上的事，简简单单平平淡淡。是你的终归是你的，不是你的就算强求你也求不到。没有欲望，就没有烦恼。欲望越多，烦恼也就接踵而来。

日常生活中，人们免不了要为维持生计而烦恼：为吃而烦恼，穷人不知道下一餐食物在哪里，富人什么都吃腻了，下餐却不知该吃什么才可口；为穿而烦恼，服装款式层出不穷，穿什么才时髦呢？当然也还有人为冬天的到来，没有冬衣御寒而苦恼；为住而烦恼，地皮的价格不断上涨，买一套房子要几十万，租房也很贵。对于工薪阶层而言，住房是很令人操心的。有了房子又因为太窄，或周围环境差不理想，住得不舒服。有人想住宽敞的楼房或别墅，而又没钱。为了“我”的幸福，吃、穿、住就够烦恼一辈子了。与基本生存相应的是财富。为了维护“我”能够更好地生存，就得拼命地去工作，去创业。假如没有特别的技能，就需要卖苦力；有人虽然有自己的事业，但这事业就像一副沉重的担子，终日要为此操尽心思。工作原为享受，而为了工作必须放弃享受。创业难，守业也难。人在没有财富时，为了“我”的生存会处在不断追求财富的奋斗中。一旦富足，人生无所追求，生活就会出现厌倦，那就更可怕了。

人这一生不可能一帆风顺，总会有困难，有挫折，有烦恼，有痛苦，想躲也躲不过去。对此你叹息也好，焦急也好，忧虑也好，恐惧也好，都解决不了问题。“本来无一物，何处惹尘埃。”何必在意那么多呢？

可是现实生活中，又有几人能做到无欲无求？

因此，人类一切烦恼都是以自我为根源。世间有许多人因为对自我不满意，他们想方设法地要超越自我，但无论如何也超越不了，于是乎很痛苦，很烦恼。原因是什么呢？是因为自我。我们现有的人格是以自我为中心形成的，自我假如没有动摇，要想改变我们的人格，那是很难的。因此，要想超越自我，首先必须放弃自我，由通达无我始能超越自我。

有时先失后得，如越王的卧薪尝胆，后来吞并吴国；有时先得后失，如先发财后破产；有时失就是得，如塞翁失马。得失相依，在得失的面前应该不值得忧喜，然而世人因为情有所偏执。读书的时候，觉得“书中自有黄金屋，书中自有颜如玉”；恋爱的时候，把爱情看得无比神圣，以为人生快乐尽在其中；当我们经商的时候，把财富看作人生的一切。因而我们只重视人生的某一方面，把人生的一切幸福都建立在这上面，忽略了人生其他方面。因此当我们即使在一个领域得到了快乐，不知你是否知道，此时你已经失去了其他领域存在的快乐。

现代人只懂得赚钱的重要，以为有钱就能过得快乐幸福了。其实构成人生幸福的不仅是财富，还有比财富更为重要的东西，那就是心灵与身体。有财富没有健康的身体，不能享受；有财富有健康的身体，但没有健康心灵，也不能活得快乐。一个人烦恼时，可以逃避环境，但无法逃避他的心灵，就像你心情不好时，不论跑到哪里你都感到烦闷一样。

从人生幸福的意义上说，应该是心灵健康第一，身体健康第二，财富的拥有为第三。然而现代人舍本逐末，他们看不到心灵健康对人生幸福的重要意义，为了追求财富用尽心思。有了财富又尽情地放纵自己，使得整个心灵处在高度的破碎状态中。在这个社会中有钱人多得很，但有钱的人自己感觉幸福的没有几个，因为他们缺少健全的心态，他们没有心情享受快乐。

世人想超脱，希望潇洒走一回。很多人以为有钱，一掷千金，是潇洒；有人以为穿名牌，是潇洒；有人以为一餐饭吃上几万元，就潇洒。其实这是风光，不是潇洒，潇洒是建立在超脱基础上的。我们倘能处处以般若智慧去观照人生，不住于相，随缘自在，不为物役，那才是真正的潇洒。

有位哲人曾说："人之所以痛苦，不是因为拥有的太少，而是想要的太多。"正是因为欲望太多，从而造成心理贫穷。

其实我们每个人拥有的财物，无论是房子、车子或者是其他的任何物品……无论是有形的还是无形的，没有一样是你的，那些东西都是暂时寄存在你这里。有的让你暂时使用，有的让你暂时保管而已，到最后，物归何主都不得而知。所以智者把这些财富都视为身外之物。而贪婪者却把它们据为己有。到最后却往往是一无所获。这里讲一个贪婪者的故事。

以前，有两位很虔诚、很要好的教徒，决定一起去朝圣。两人背上行囊、风尘仆仆地上路，誓言不达圣山，绝不回家。

两位教徒走啊走，走了两个多星期之后，遇见一位白发年长的圣者。这圣者看到这两位如此虔诚的教徒千里迢迢要前往圣山朝圣，就十分感动地告诉他们："从这里距离圣山还有十天的脚程，但是很遗憾，我在这十字路口就要和你们分手了。而在分手前，我要送给你们一个礼物！什么礼物呢？就是你们当中一个人先许愿，他的愿望一定会马上实现；而第二个人，就可以得到那愿望的两倍！”

此时，其中一个教徒心里想：“这太棒了，我已经知道我想要许什么愿，但我不要先讲，因为如果我先许愿，我就吃亏了，他就可以有双倍的礼物！不行！”而另外一个教徒也想：“我怎么可以先讲，而让他获得加倍的礼物呢？”于是，两位教徒就开始客气起来，彼此推来推去，“客套地”推辞一番后，俩人就开始不耐烦起来，气氛也变了：“你干吗？你先讲！”“为什么我先讲？我才不要呢！”

俩人推到最后，其中一人生气了，大声说道：“喂，你真是个不识相、不知好歹的人，你再不许愿的话，我就把你的狗腿打断、把你掐死！”

另外一人一听，没有想到他的朋友居然变脸，竟然来恐吓自己！于是想，你这么无情无义，我也不必对你太有情有义！我没办法得到的东西，你也休想得到！于是，这一教徒干脆把心一横，狠心地说道：“好，我先许愿！我希望——我的一只眼睛瞎掉！”

很快地，这位教徒的一只眼睛马上瞎掉，而与他同行的好朋友，也立刻两只眼睛都瞎掉！

原本这件礼物非常美好，可以使两位好朋友互相共享，但是人的“贪念”与“嫉妒”，左右了他们心中的情绪，所以使得“祝福”变成“诅咒”、使“好友”变成“仇敌”，更是让原来可以“双赢”的事，变成俩人瞎眼的“双输”！

如果他们每个人都有知足者常乐的心态，抱着有美好的礼物总比没有好的态度，不在乎多少，我想他们最终也不会有这样悲惨的结局。但知足并不表示不进取，物质上要知足常乐，但追求上要不断向前。物质上永不知足是一种病态，其病因多是权力、地位、金钱之类引发的。这种病态如果发展下去，就是贪得无厌，其结局是自我爆炸，自我毁灭。

然而，在现实生活中我们所拥有的，并不是太少，而是欲望太多；欲望太多的结果，就使自己不满足、不知足，甚至憎恨别人所拥有的或嫉妒别人比我们更多，以致心里产生忧愁、愤怒和不平衡。

托尔斯泰说：“欲望越小，人生就越幸福。”这话，蕴含着深邃的人生哲理。卡耐基也曾说：“要是我们得不到我们希望的东西，最好不要让忧虑和悔恨来苦恼我们的生活。且让我们原谅自己，学得豁达一点。”根据古希腊哲学家艾皮科蒂塔的说法，哲学的精华就是：一个人生活上的快乐，应该来自尽可能减少对外来事物的依赖。罗马政治学家及哲学家塞尼加也说：“如果你一直觉得不满，那么即使你拥有了整个世界，也会觉得伤心。”且让我们记住，即使我们拥有整个世界，我们一天也只能吃三餐，一次也只能睡一张床。

“身外物，不奢恋。”这是知足常乐者的智慧；放弃也是一种幸福，这是智者思想，这些不但是超越世俗的大智大勇，也是放眼未来的豁达襟怀。谁如果能做到这一点，谁就会活得轻松，过得自在，真正地摆脱心理的贫穷。

不能补救就让自己知足，不能纠正就顺其自然

人们对事物一味理想化的要求导致了内心的苛刻与紧张，它也不会单纯因为人的主观意识而发生改变。这对于人类也一样，我们要顺其自然，不要去强求生活。

生活中有不少人生旅途一帆风顺，断无生计之忧与养家糊口之虑者，仍在喊“活得累”，他们的“累”除了生活节奏的加快，人际关系的复杂外，主观上主要是欲望之累。

有道是“欲壑难填”。大凡说“活得累”者，都与欲望过奢有关。有些人比下有余，却总想着比上不足，于是便生出许多不满足：官不够大，钱不够多，而这些不满足不是转化为积极上进、参与竞争的动力，而是怨天尤人。在这种精神状态的支配下，当然不会“心想事成”、“万事如意”，于是只有叹息“活得累”了。

我国古代南朝的中书令王僧达，从小聪明伶俐，但却养成了不知检点的毛病。孝武帝即位时，他被提拔为仆射，位居孝武帝的两个心腹大臣之上。王僧达也因此更加自负，以为自己在当朝大臣中，无人能及。他在朝时间不长，就开始觊觎宰相的位置，并时时流露出这一情绪。谁知，事与愿违，就在他踌躇满志之时，却被降职为护军。此时，他并没

有醒悟，仍惦记着做官，并多次请求到外地任职。这又惹怒了皇上，他被再次削职。这回，他终于因羞成怒，对朝政看不顺眼，所上奏折，言辞激昂，终于被人诬为串通谋反而被赐死。

王僧达的死，究其原因在于其不知足。因为，按照他的年龄、资历，没几年就升到仆射一职，已属不易了。可他竟想入非非，以为“一人之下，万人之上”的宰相非他莫属了。岂料，事情的发展有许多是不以人的意志为转移的。于是，一个筋斗使他从云雾中翻落了下来，真正遭到了灭顶之灾。可以这样说，是追名逐利的贪心送了王僧达的性命。

财富、地位等并不能给我们带来幸福，幸福之门能否打开，要看我们是否拿对了钥匙。

从前，有个非常有钱却很吝啬的贵族，他最高兴的事情就是发财，但是如果让他为别人花一个小钱，他都会非常不高兴。大家全都管他叫吝啬鬼。而这个吝啬鬼最发愁的是明天赚不到大钱，最担忧的是子孙将来守不住他的财产。这些忧愁常常搅得他吃不香睡不着。

一天，都城来了一个修道的圣人。很快百姓就传开了：说这个圣人可以满足任何人的任何愿望。贵族一听，高兴坏了，心想一生中的最大愿望就要实现了。他立即来到圣人住的庙里，把自己的愿望告诉圣人。圣人说：“你的愿望一定能够实现，不过有一个条件。”贵族吓了一大跳，怀疑圣人是想叫他施舍财物，可他又想，自己的最大愿望就要实现了！管他提什么要求呢！一咬牙说出了平生从来没说过的话：“什么条件？圣人啊，请说吧，我一定会照办的。”

圣人说：“你家旁边住着一户人家，家中只有母女俩。明天你给她们送一点粮食去。”贵族心想，这比起他要实现的最大愿望，简直算不上什么，于是，高高兴兴地答应了。

他拿着一小袋粮食来到那户人家里的时候，那母女俩正快快乐乐地忙着干活。他对母女俩说："请收下这点儿粮食吧，这样你们就有吃的了。"那母亲说："谢谢你，今天我们有粮食吃，我们不要，你拿回去吧！"贵族说："过了今天，还有明天，你们留着明天吃吧！"那母亲却坦然地说："明天的事我们不担心，我们从不为明天的事情发愁，天无绝人之路，老天爷不会让我们饿死的！"说完又埋头干活去了。

听了这话，贵族先是惊愕，接着似乎恍然觉悟。他感到无地自容，赶快离开穷人家，来到圣人那里，非常恭谨地行了个礼，说："圣人啊，我感谢您满足了我的最大愿望，是您给了我幸福的钥匙，说真的，不知足的人在这个世界上是永远不会找到幸福的。"

知足者常乐，不知足者常忧。他要是不知足，就永远不可能获得幸福；他要是知足，幸福就会不请自到。

贵族一直在找幸福，他以为幸福的钥匙在圣人手中，没想到这把钥匙竟在穷邻居那里。他从穷邻居的言谈中悟到了幸福的真谛——珍惜所拥有的，不去奢求那些遥不可及的或者本不属于你的。

人生是否快乐，关键看你是否知足。知足常乐，那些总认为别人的东西都是好的人，是永远没有快乐的。一个人在生活中能不过分注意缺憾，知道世上没有十全十美的东西，就会快乐无比。否则，总以抱怨之心，何处不是阴云淫雨，烦恼不尽。

在生活的漫长岁月中，每个人都会面临无数次的选择，这些选择可能会使我们的生活充满无尽的烦恼和难题，使我们不断地失去一些我们不想失去的东西，但同样是这些选择却又让我们在不断地获得。我们失去的，也许永远无法补偿，但是我们得到的却是别人无法体会到的、独特的人生。因此面对得与失、成与败，要坦然待之，凡事重要的是过程，对结果要顺其自然，不必斤斤计较，耿耿于怀。

人生无坦途，在漫长的道路上，谁都难免要遇上厄运和不幸。人类科学史上的巨人爱因斯坦，在报考瑞士联邦工艺学校时，竟因三科不及格而落榜，被人耻笑为“低能儿”。小泽征尔这位被誉为“东方卡拉扬”的日本著名指挥家，在初出茅庐的一次指挥演出中，曾被中途“轰”下场，紧接着又被解聘。为什么厄运没有摧垮他们？因为在他们眼里始终把荣辱看作是人生的轨迹，是人生的一种磨炼，假如他们对当时的厄运和耻笑，不能泰然处之，也许就没有日后绚丽多彩的人生。

生活在世上，每个人的活法各不相同。面对同一个客观环境和自然条件，为什么有的人活得痛苦，有的人活得轻松呢？这其中，除了禀赋差异外，就是聪明人懂得调整个人与客观环境的关系，审时度势，超然处世，顺应自然。智者顺时而成功，愚者逆理而失败。

智者懂得，人生道路曲折多变。有些时候，对事物的发展只有“顺其自然”，“死生有命，富贵在天”，凡事不可强求。“顺其自然”，就是对世间的功名利禄、是非得失看得淡泊，不去执着追求，笑对毁誉。这也不失为一种糊涂。

廉者常乐无求，贪者常忧不足

欲望的满足不是满足，而是一种自我放逐，欲望会带来更多更大的欲望。如果我们为欲望所左右，为欲望的不能满足而受煎熬，那么人生还有什么滋味？一个人应当知足，应当安分，不要妄求多取。能够像古圣贤那样对待生活豁然大度，就能身心处于一种快乐的境界。这就是我们今天所说的经常保持心态平衡的意思。

古人有云："廉者常乐无求，贪者尚虞不足。"又说："廉者足而无忧，贪者忧而不足。"这两句话说得非常精辟，概括出了廉者与贪者两种截然不同的心理。

一切为官清正的干部，常常是乐观主义者，因为他们一心为公，光明磊落，个人除了国家按规定给予的待遇以外，别无他求，安于过普通人的生活。这样，他也就胸怀坦荡，开朗乐观，"足而无忧"矣。

反之，那些贪官以及社会上的种种盗窃者，则是另一种心态。这类人的共同特点，就是私欲无限膨胀，物质欲望越来越高，老是处于"尚虞不足"之中，于是，他们就整天琢磨着如何侵吞国家和人民的财物，如何运用手中的权力攫取不义之财。固然，大把大把的钞票装进了腰包，但他们却不免心怀鬼胎，心中七上八下，害怕一旦东窗事发，被人揪住尾巴，落得个人财两空。这种人，当然不可能有乐观豁达的健康心理。他们有没有“乐”的时候呢？有，捞钱的罪恶勾当一旦得手，钱包塞得鼓鼓的，沉醉于灯红酒绿，挥霍无度，整日里过着“上午坐着轮子转，中午围着盘子转，晚上搂着裙子转”的日子，岂能一时不乐。不过，这种“乐”只能是短暂的，一旦东窗事发，等待他们的，必然是自我毁灭的下场。铁窗生涯常常能使入狱贪官变得醒悟。原来他们在单位工作的时候，曾为许多琐事而烦恼，现在失去了自由，他们才感到原来的烦恼日子多美好。人生不少烦恼，多由一个贪字引起，人间诸多祸患，也多由一个贪字招致，利字右边是把刀，贪恋和追求金钱，就会撞在刀口上。

廉洁奉公，“权为民所用”，勤勤恳恳地为人民大众服务，不以权力谋取私利，这是一切领导干部乃至所有公职人员应当遵守的基本道德准则。一辈子这样清清白白地为人或为官，做到“廉者常乐”，其实也是人生的一大快事。到老年退休下来，静夜扪心自问，一生无愧于国家和人民，心上没有一点疙瘩，岂不乐哉！

人生往往如此：拥有的越多，烦恼也就越多。因为万事万物本来就随着因缘变化而变化，凡人却试图牢牢把握让它不变，于是烦恼无穷无尽。倒不如尽量放下，烦恼自然会渐渐减少。话虽如此，又有谁能放下呢？

许多人都有贪得无厌的毛病，正因为贪多，反而不容易得到。结果患得患失，徒增压力、痛苦、沮丧、不安，一无所获，真是越想越得不到。

有个孩子把手伸进瓶子里掏糖果，他想多拿一些，于是抓了一大把，结果手被瓶口卡住，怎么也拿不出来，他急得直哭。

在生活中，要学会“得到”需要聪明的头脑，但要学会“放下”

却需要勇气与智慧。普通的人只知道不断占有，却很少有人学会如何放下。于是占有金钱的为钱所累，得到感情的为情所累……

是乐无求，还是忧不足，是廉与贪的一个分水岭。领导干部若不知足，官阶一级一级地向上望，自然官欲膨胀。官欲膨胀，难免以私害公；以私害公，难免不廉不正；不廉不正，难免行贿受贿、贪赃枉法。而要做到知足，就意味着淡泊名利，这种淡泊名利并不是要人们持有消极的心态，也不是要人们不要追求，更不是安于现状的停滞不前，而是积极向上地对待人生的得失福祸，宠辱不惊地认识自己，寻找自己生活事业的最佳角度，在和谐中求得发展。

“贪婪是一种会给人带来无限痛苦的地狱，它耗尽了人力图满足其需求的精力，可并没有给人带来满足。”

面对难填的欲壑，我们应尽量享受已有的。这样生活就会是真实的，富有质感的，一年三百六十日，日日太阳都是常新的。

“知足者常乐。”这是人们通常说服别人或说服自己，求得心理平衡的道理，修身养性的原则之一。《老子》也说：“知足之足，常足矣。”大则忧国忧民，感时忧愤；小则忧家忧己，往往都是忧多于喜，要说服别人或说服自己还就得这样想。人往高处走，水往低处流，谁不想生活、工作条件好些，精神安逸些？想归想，未必都能一一满足，在各种理想、愿望，甚至连小小的打算都未能成为现实的时候，你就要学会承认和接受现实，并且不消极、不失望，自己寻找心理平衡。

在这里比较法很管用，即和过去比，和自己比，而不要和高于自己、强于自己的他人比。比方你总觉得你的收获不如付出的多，那你就应该和付出比你更多，获得比你还少的人比，这样你心里就舒服了。当自己的学业经历多年长进不大时，你应该想想从前的你还没有现在这么有知识，进步不大毕竟有了进步。

“知足者常乐”多数情况不是指物质条件的获得，物欲的满足，而是指不要无限制地追求那些不现实的、得不到的东西。正像卢梭所说的那样：“人啊，把你的生活限制于你的能力，你就不会再痛苦了。”一切理想都植根于现实这块肥沃的土壤中。人不可物欲太强烈，有了星星，还想要月亮，有了月亮还想要太阳，乃至于恨不得把整个宇宙都抱在怀里。不知足就必然贪心，人一贪心就容易生出许多恶行，不顾廉耻，甚至违法乱纪，贪污受贿，巧取豪夺，最终不但挖了社会墙角，损害他人，也害了自己。

“知足者常乐”这个原则在你忧愁烦恼之时，会让你找到心理平衡，克服种种不切实际的欲望，特别是物欲。安于现状，知足常乐，但切莫对美好的生活失去信心。

坎坷人生，忧喜参半，酸甜苦辣，五味俱全。也许正因为这样，生活才有滋味，活得才带劲。工农商学兵，五界十三行，三教九流，各色人等，各有各的忧喜。学生为学业是否理想而忧喜；工人为产品积压而忧愁；农民为今年粮食收购不给“白条”而欣喜；文艺家为艺术的低谷而忧虑；教育者为桃李满天下而欣慰；炒金者为股票行情不定而揪心；家庭主妇因蔬菜涨价而叫苦不迭；平民为生计而奔波；总理为国事而操心。忧喜无时无刻不在搅扰着人们，“上帝”最公平，他把忧喜分给了每一个人，只是忧喜的内容和大小不同而已。

不知哪位哲人说过，在生活和工作中不是任何付出都会有回报的。确实如此，有时生活存在明显不公平，不光你自己觉得不公，连周围的民意也认为不公。这时候，千万不可激动，更不能一时冲动，干出无法收拾的傻事来。比如评级长薪，凭你的贡献，你的民意测验，这次的美事就理所当然属于你，但因为只有一个名额，有关方面出于平衡关系或其他考虑，就把美事给了另一个人。在这种情况下，千万要想得开，不能耿耿于怀，忧心忡忡，更不能失去理智。即使从养生之道出发也不必肝火太盛，潇洒地想，一次长薪不就几块钱吗？不能为几块钱闹气叫人看低了自己的人格，看小了自己的风度，自己宽自己的心，自己找乐。

人活着是为自己活着，不重虚名、不重钱财，如此岂不快活哉！

有一颗容易满足的心

人都喜欢攀比，与上比就觉得自己处处不如别人，甚至有人说“人比人气死人”。如果与下比呢，你就会觉得满足，满足就是一种幸福的感觉。不要埋怨我们没有鞋子，应庆幸我们有脚。

普拉格在《快乐是严肃的题目》这本书中引述了一个观点，就是人之所以不快乐，就是因为人本身出了问题。问题很简单，只要你把有问题的部分修理好就行了。根据他的看法，不知感恩是造成我们不快乐的一大原因。特别是在布施礼物的“快乐假期”里，他提醒做父母的应该好好教导孩子知道感恩与满足。他认为：“如果我们给孩子太多，让他们期望越来越大，就等于把他们快乐的能力给剥夺了。”他认为做父母、做长辈的有责任要求孩子们学会从心里说“谢谢”。

琼斯买得起劳力士手表和名牌服饰，开得起豪华跑车，也能够到私人小岛度假，却坦白承认她没有满足感。

琼斯说：“我已经比我梦想的还要富裕，可是我还是感到悲伤、空虚和茫然。钱财居然不等于快乐！我真的不知道什么东西才能带来快乐。”像琼斯那样，为钱奋斗了大半辈子才悟出“有钱不一定快乐”。

知道道理的人不在少数。她如果肯在圣诞假期当中静下心来读读普拉格的这本书，她会感悟出，感恩之心是快乐的秘诀。

知足是快乐的基本要素。心理学家说，佛家早就看出，人类不快乐的最大原因是欲望得不到满足、目标得不到实现；而美国文化培养出来的普拉格则详细区分“欲望”与“期望”，他说虽然欲望也许有碍快乐，却是“美好人生”不可缺少和无法消除的成分；期望则是另一回事，例如，我们期望健康，但得付出代价。

普拉格举例说，某一天你发现身上长了个瘤，你心怀忐忑找医师检查。一个礼拜后，当听到良性瘤的诊断结果时，你会感到这一天是你一生中最快乐的一天。

快乐来源于满足感。孰不知满足是无快乐可言的。

乔治是伦敦郊区的一位神父。一天，教区医院里一位病人生命垂危，他被请过去主持临终前的忏悔。

他到医院后听到了这样一段话：“我喜欢唱歌，音乐是我的生命，我的愿望是唱遍美国。作为一名黑人，我实现了这个愿望，我没有什么要忏悔的。现在我只想说，感谢您，您让我愉快地度过了一生，并让我用歌声养活了我的6个孩子。现在我的生命就要结束了，但死而无憾。仁慈的神父，现在我只想请您转告我的孩子，让他们做自己喜欢做的事吧，他们的父亲是会为他们骄傲的。”

一个流浪歌手，临终时能说出这样的话，让乔治神父感到非常吃惊，因为这名黑人歌手的所有家当，就是一把吉他。他的工作是每到一处，就把头上的帽子放在地上，开始唱歌。四十年来，用他苍凉的西部歌曲，感染他的听众，从而换取那份他应得的报酬。他虽然不是一个腰缠万贯的富豪，可他从不缺少生活中的快乐，因为他有着一颗容易满足的心。

乔治神父在一次演讲中讲到了这件事，他总结道：

“原来最有意义的活法就是做自己喜欢做的事，并从中发掘到一颗容易满足的心灵。”

一味地被欲望牵制，不知满足，就这样不知不觉地把自己淘空了，只能换来一世空凉。

一位得知自己即将离开人世的老人，在日记中记下了这段文字：

“如果我可以从头活一次，我要尝试更多的错误，我不会再事事追求完美。我情愿多休息，随遇而安，处世糊涂一点，不对将要发生的事处心积虑地计算。可以的话，我会去多旅行，跋山涉水，更危险的地方也不妨去一去。过去的日子，我实在活得太小心，每一分每一秒都不容有失误，太过清醒明白，太过清醒合理。如果一切可以重新开始，我会什么也不准备就上街，甚至连纸巾也不带一块。如果可以重来，我会赤足走在户外，甚至整夜不眠。还有，我会去游乐园多玩几圈木马，多看几次日出，和公园里的小朋友玩耍……只要人生可以从头开始，但我知道，不可能了。”

老人一生都在角逐名利，机关算尽，斤斤计较，占尽别人的便宜。他的时间都耗费在与那些社会名流打交道上，只知道让他的家人共享他的金钱，却不愿和他们和谐地共度一个美好的夜晚。

他死前才开始明白，他用金钱维系的家庭早已经千疮百孔了，尽管看起来依旧那么的富丽堂皇，他的年轻美貌的妻子常去幽会一个地下情人，他的儿子在他病入膏肓时还流连在赌场不肯出来，他只有靠一篇篇日记来消磨他的最后的时光。医生已被他请走，他要保持“死者的尊严”，不想让一个外人看着他可悲地离开；神父他也没有请，健康的时候他从来没去过一次教堂做忏悔，更没施过一块钱。

他是个地地道道、彻头彻尾的商人，活在尔虞我诈的商场，他曾经倾尽全力、亲力亲为，弄得自己心力交瘁。为此，他总是能找到借口自我安慰：“商场如战场，我身不由己呀！”

直到临终一刻老人才彻底觉悟，只剩下空悲切的份了。

在时光的沙漏里，流出去的沙子永远装不回去。奉劝朋友，用一颗容易满足的心精心装点美好的生活，不可等沙子漏光再追悔莫及。

不斤斤计较就是一种豁达

既然吃亏有时是无法避免的，那何必要去计较不休、自我折磨呢？事实上，人与人之间总是有所不同的。别人的境遇如果比你好，那无论怎样抱怨也无济于事。最明智的态度就是避免提及别人，避免与人比较这比较那。而你应该将注意力放在自己身上，“他能做，我也可以做”，以这种宽容的姿态去看待所谓的“不公平”，你就会有一种好的心境，好心境也是生产力，是创造未来的一个重要保证。

人们常说：“凡事不能不认真，凡事不能太认真。”一件事情是否该认真，要看场合来定。

荷马·克鲁伊是个作家，以前他写作的时候，常常会被纽约公寓热水管的响声吵得心烦意乱。他说：“后来有一天，我和几个朋友一起去露营，当我听到木柴烧得很响时，突然想到，这些声音多像热水管的响声啊！我为什么会喜欢这种声音，而讨厌家里的那种声音呢？回到家以后，我就试着对自己说，热水管的声音就像木柴燃烧的声音一样好听，然后我就埋头大睡。刚开始那几天，我还会留意热水管的声音，可是不久我就把它们全忘记了。”

荷马聪明地摆脱了一个小小的困扰，如果他一味地在这件事情上纠缠不休，最后不见得就能解决问题，还白白浪费了时间。

一个人要想生活在一个健康的环境里，就一定不要斤斤计较个人的得失。

不斤斤计较的人拥有豁达的胸怀，即使在他们去世之后，也让人们深深地怀念。不斤斤计较是一种明智，一辈子不吃亏的人是没有的。

社会交际中的你来我往，无法做到绝对公平，总是要有人承受不公平，要吃亏。倘若人们强求世上任何事物都公平合理，那么，所有生物链一天都无法生存——鸟儿就不能吃虫子，虫子就不能吃树叶……

不斤斤计较，也是一种高明的处世方法。

大凡当领导的，都喜欢办事得力、不斤斤计较个人得失的部下。阳刚之气过盛的领导更不喜欢斤斤计较个人得失的部下。要取得他的信任，首先你自己要付出巨大的努力。凡是领导交给你的工作都要尽最大的力量去完成，争取每一件事都做得漂漂亮亮。对待个人利益一定要以大局为重，不去斤斤计较。遇到一些非原则性的小事，尽管自己觉得委屈，也不要去与你的上司硬碰硬，以免同他产生对立情绪。这样，就会让他觉得，你是值得信赖的伙伴，在需要的时候，他必然首先想到你。

常言说："吃亏是福。"就是这个道理。

有时候，退一步海阔天空，换个思维想一想，一切就都迎刃而解了。所以，凡事总能找到解决的途径，只要你肯动脑筋。对于一些无关紧要的小事，你真的不必太过计较。人生苦短，多留些快乐的日子给自己吧！

要懂得适可而止

一个人是否成熟的标志之一是看他会不会退而求其次。退而求其次并不是懦弱畏难。当人生进程的某一方面遇到难以逾越的阻碍时，善于权变通达，心情愉快地选择一个更适合自己的目标去追求，这事实上也是一种进取，是一种更踏实可行的以退为进。古人说："力能则进，否则退，量力而行。"自不量力是做人的大敌。当一个人在一种境地中感到力不从心的时候，退一步反而海阔天空。

佛教的《金刚经》中有言曰："法不孤起，仗境方生。道不虚行，遇缘则应。"意思是任何事情都不是孤立的，环境适应了，它就会生长。修道也不是空行的，遇到缘分就能适应。

"法不孤起，仗境方生。"因为"缘起"，因此人生有无限的机会、无限的力量、无限的潜能、无限的意义。可以说，人生就是一个"无限"。但是，我们也不能因为无限，就毫无顾忌，妄肆而为。有的时候，更应该有个"适可而止"的人生。强开的花不美，早熟的果不甜，天地的节气岁令，总有个时序轮换。悬崖要勒马，越俎不代庖，举凡吾人的行事，也要有个分寸拿捏。《宝王三昧论》也说："于人不求顺适，人顺适则心必自矜。见利不求沾分，利沾分则痴心亦动。""适可而止”的人生，实在可以作为座右铭的参考。

在生活悲欢离合、喜怒哀乐的起承转合过程中，人应随时随地、恰如其分地选择适合自己的位置。中国人说：“贵在时中！”时就是随时，中就是中和，所谓时中，就是顺时而变，恰到好处。正如孟子所说的：“可以仕则仕，可以止则止，可以久则久，可以速则速。”鉴于人的情感和欲望常常盲目变化的特点，讲究时中，就是要注意适可而止，见好就收。一个聪明的女人懂得适度地打扮自己，一个成熟的男子知道恰当地表现自己。美酒饮到微醉处，好花看到半开时。明人许相卿说：“富贵怕见花开。”此语殊有意味。言已开则谢，适可喜正可惧。做人要有一种自惕惕人的心情，得意时莫忘回头，着手处当留余步。此所谓：“知足常足，终身不辱，知止常止，终身不耻。”宋人李若拙因仕海沉浮，作《五知先生传》，谓做人当知时、知难、知命、知退、知足，时人以为智见，反其道而行，结果必适得其反。君子好名，小人爱利，人一旦为名利驱使，往往身不由己，只知进，不知退。尤其在中国古代的政治生活中，不懂得适可而止，见好便收，无疑是临渊纵马。中国的君王，大多数可与同患，难与处安。所以做臣下的在大名之下，往往难以久居。故老子早就有言在先：“功名，名遂，身退。”范蠡乘舟浮海，得以终身；文种不听劝告，饮剑自尽。此二人，足以令中国历史臣宦者为戒。不过，人的不幸往往就是“不识庐山真面目”。

任何人不可能一生总是春风得意。人生最风光、最美妙的往往是最短暂的。俗言道：“花无百日红，人无千日好。”就像搓牌一样，一个人不能总是得手，一副好牌之后往往就是坏牌的开始。所以，见好就收便是最大的赢家。世故如此，人情也是一样。与人相交，不论是同性知己还是异性朋友，都要有适可而止的心情。君子之交淡如水，既可避免势尽人疏、利尽人散的结局，同时友谊也只有在平淡中方能见出真情。

越是形影不离的朋友越容易反目为仇。因此，古人告诫说：“受恩深处宜先退，得意浓时便可休。”即使是恩爱夫妻，天长日久的耳鬓厮磨，也会有爱老情衰的一天。北宋词人秦少游所谓“两情若是长久时，又岂在朝朝暮暮”，这不只是劳燕两地的分居夫妻之心理安慰，更应为终日厮守的男女情侣之醒世忠告。

古人言：“乐不可极，乐极生悲；欲不可纵，纵欲成灾。”乐极生悲一语中国几乎妇孺皆知，但一般人对它的理解，往往是一个因快乐过度而忘乎所以、头脑发热、举止失矩，结果不慎发生意外，惹祸上身，化喜为悲。凡读过王羲之的《兰亭集序》，大致上可以领悟乐极生悲的含义。在崇山峻岭、茂林修竹的雅致环境里，众贤毕至，高朋会聚，曲水流觞，咏叙幽情，这是何等快乐！王羲之欣然记道：“是日也，天朗气晴，惠风和畅。仰观宇宙之大，俯察品类之盛，所以游目骋怀，足以极视听之娱，信可乐也。”但是，就在“怡然自足。不知老之将至”之时，突然使人产生了万物“修短随化，终期于尽”的悲哀，于是情绪一转；“及其所之既倦，情随事迁，感慨系之矣！向之所欣，俯仰之间，已为陈迹，犹不能不以之兴怀。”这是真正的乐极生悲。类似的心情变化可以在苏东坡的《前赤壁赋》中进一步印证。苏东坡与客泛舟江上，“饮酒乐甚，扣舷而歌”，这本来是很快活的，偏偏乐极生悲，“客有吹洞箫者，倚歌而和之”，其声偏偏又呜呜然。“如怨如慕，如泣如诉”，这八个字真是把一个人由乐转悲之后的难言心境写绝。饮酒本是一件乐事，但多愁善感的人饮酒，往往会见物生情，情到深处反添恨。正如司马迁所说：“酒极则乱，乐极则悲，万事尽然。”

乐极生悲概括地讲，是一个对生命的热爱和留恋而生出的惘然和悲哀，详情而言，是一个人对生活中好花不常开，好景难常在的无奈和怅怀。人的情绪很难停驻在一种静止的状态，人对世事盛衰兴亡的更替习以为常之后，心境喜怒哀乐的轮回变换也成了自然，人在纵情寻乐之后，随之而来的往往是莫名其妙的空虚伤怀，推之不去、避之不开，因为欢乐和惆怅本来就首尾并列。所以庄子在“欣欣然而乐”之后感叹：“乐未毕也，哀又继之。”人只有在生命的愉悦中才能体会真正的悲哀。所以，真正的丧亲之痛，不在丧亲之时，而在合家欢宴，或睹旧物思亡人的那一瞬间。人在悲中不知悲，痛定思痛是真痛。

适可而止，见好便收，是历代智者的忠告，更是一门处世的艺术。

世事如浮云，瞬息万变。不过，世事的变化并非无章可循，而是穷极则返，循环往复。人生变故，犹如环流，事盛则衰，物极必反。生活既然如此，做人处世就应处处讲究恰当的分寸。过犹不及，不及是大错，太过是大恶，恰到好处的是不偏不倚的中和。基于这种认识，中国人在这方面表现出了高超的处世艺术。中国人常说：“做人不要做绝，说话不要说尽。”廉颇做人太绝，不得不肉袒负荆，登门向蔺相如谢罪。郑伯说话太尽，无奈何掘地及泉，隧而见母。故俗言道：“凡事留一线，日后好见面。”凡事都能留有余地，方可避免走向极端。特别在权衡进退得失的时候，务必注意适可而止，尽量做到见好便收。

不要为打翻了牛奶而哭泣

孔子曾说：“成事不说，遂事不谏，既往不咎。”这是告诫弟子：已经做过的事不要再评说，已经完成的事不要再议论，已经过去的事也就不要再追究了。这是要告诉我们，做事情不要被已经发生的相关的事情所困扰，只要是正确的，就要义无反顾地走下去，没有必要因为做错了什么事情而悔恨，眼光要向前看。

每个人都有怀旧的心理，即使嘴里高喊着向前看，眼睛还是会不由自主地瞄向已经过去的日子。绝大多数人对新事物的接受会表现出一种羞羞答答的心态，直到新事物不再新鲜，再用一种怀旧的或恍然大悟的口吻来评说。客观地分析，向后看既是对过去的留恋，也是对现实的迷惘和不满。

当今世界的发展日新月异，因此向前看就显得比怀旧更为重要。特别是对新事物，更应该用发展的和超前的眼光来认识对待。辩证唯物主义认为，世界是由在一定的时空中有规律地运动着的物质组成的，就是说分析事情或现象要以特定的时空作为条件。因此，我们特别强调要向前看，否则，难免落伍而被新新人类蔑视为“土老二”或“阿乡”。

而在现实生活中，有的人对于曾经失去的机会耿耿于怀，每当失意的时候，都会感叹，如果当初我那样选择，那么现在我将是怎样怎样了。但关键是你没有那样选择，关键是你已经失掉了那个机会，如果你再自怨自艾下去，你将失掉下一个机会。所以，过去的事情完全没有必要放在心上，你当初那样做，一定有你那样做的理由，谁也无法预测未来，不能用你的今天去对比你的昨天，然后使自己生活在痛苦中。这两者之间根本就没有可比性，对于现实来说，预测永远都要甘拜下风，你当然不必为曾经的选择失误而伤心沮丧。

在纽约市一所中学任教的保罗博士曾给他的学生上过一堂难忘的课。这一个班多数学生为过去的成绩感到不安，他们总是在交完考卷后充满了忧虑，担心自己不能及格，以致影响了下阶段的学习。

一天，保罗在实验室里讲课，他先把一瓶牛奶放在桌上，沉默不语。学生们不明白这瓶牛奶和所学的课程有什么关系，只是静静地坐着，望着老师。保罗忽然站了起来，一巴掌把那瓶牛奶打翻在水槽中，然后他在黑板送给写下了一行字："不要为打翻的牛奶哭泣。"接着，他叫学生们围绕到水槽前仔细看一看，说："我希望你们永远记住这个道理，牛奶已经淌光了，不论你怎么样后悔和抱怨，都没有办法取回一滴。你们要是事先想一想，加以预防，那瓶牛奶还可以保住，可是现在晚了，我们现在所能做到的，就是把它忘记，只注意下一件事。"

是啊！无论你怎样痛惜，牛奶都无法归原于杯中，所以，"哭泣"又是何苦呢！这番道理让我们想到了这样一个故事：

一位老人在高速行驶的火车上，不小心把刚买的新鞋从窗口上弄出去了一只，周围的人倍感惋惜不料那老人立即把第二只鞋也从窗口扔了下去。这举动更让人大吃一惊。老人解释说："这一只鞋无论多么昂贵，对我而言都没有用了，如果有谁能捡到一双鞋子，说不定他还能穿呢！”

这位老人把失去变得可爱，我们何尝又不能呢，不要老盯着被打翻的牛奶，赶紧把家里的猫抱来，就当是给猫准备的晚餐。

我国古代也有一则可和《打翻的牛奶》相媲美、堪称姊妹篇的小故事。

东汉大臣孟敏，年轻的时候曾卖过甑。有一天，他的担子掉在地上，甑被摔碎了，他头也不回地径自离去。有人问他：“甑摔坏了多可惜啊，你为什么都不回头看一看呢？”孟敏十分坦然地回答：“甑既然已经破了，再疼惜它也没有什么好处了。”是的，甑再珍贵，再值钱，再与自己的生计息息相关，可它被摔破，已是无法改变的事实，你为之感到可惜，心疼如焚，顾之再三，又有什么益处呢？

这就是明代大学问家曹臣的《说典》中的一则小故事。这个故事告诉我们：不要为无法改变的事痛惜、后悔、哀叹、忧伤、可以说是古今中外聪明人的共同的生存智慧。

我们都经历过某种重要或心爱的东西失去的事情，其大都在我们的心理上投下阴影。究其原因，那就是我们并没有调整心态去面对失去，没有从心理上承认失去，总是沉湎于已经不存在的东西，没想到去创造新的东西。与其抱残守缺，不如就地放弃。普希金的诗中说：“一切都是暂时，一切都会消逝，让失去变得可爱。”失去不一定是损失，也可能是获得。有些人终日为过去的错误而悔恨，为过去的决策失误而惋惜，沉溺于过去的错误之中，是事业成功的一大障碍。它会斩断进取的锐角，磨钝智慧的锋芒，甚至愚蠢地得出这样的结论：“我过去失败了，下次恐怕不行了。”因此，畏首畏尾，顾虑重重，很难取得事业的成功。

瓿被打破，不可能恢复原状；牛奶被打翻，不可能重新装回杯中。任你哀叹，任你后悔，任你捶胸顿足呼天喊地，任你悔断肠子心疼肝疼胃疼，任你三天不吃饭五天不睡觉，也肯定不会改变这个已经板上钉钉的事实。聪明的做法，就是按照扔鞋子的老人的做法去做，这才是人生的大智慧。

辛弃疾在一首词中写道："叹人生，不如意事，十之八九。"是的，在生活中，不可能事事顺心，万事如意。下岗，被精减，被老板炒了鱿鱼，不如意；落选，被降职，被顶头上司冷落，不如意；评副高职称少了一票，送学术刊物的论文泥牛入海，不如意；经商亏本，工厂赔钱，路上被窃，也不如意……林林总总，不一而足。一旦遇到这样的事该怎么办，想想"不要为打翻的牛奶哭泣"，想想那个扔鞋子的老人，想想人家的生存智慧，对自己肯定会大有裨益的。

在当代社会，更应具有这样的生存智慧，因为在社会激烈的竞争中，我们手中的"瓿"随时可被他人打破，杯中的牛奶也可能被打翻。遇到这样不如意的事，不哭天抹泪，不怨天尤人，不消沉颓唐，不心灰意懒；记取教训，挺直腰杆，义无反顾，径直向前。生活中，这样的人，才能出人头地，才能成为强者，才能事业有成，才能品尝到成功的喜悦，才会有鲜花美酒的陪伴。

既然事情已经过去，就不要再耿耿于怀。调整好心态，勇敢地面对现在和未来。要知道，悔恨过去，只会损害眼前的生活。不要让"打翻的牛奶"潮湿了我们的心情，我们还有很多事要做，我们没有理由因为这件事而拒绝这一天的生活，相反我们应该将这天的生活过得平静而恳挚，这样才会有丰盈的过去，也才能开创未来。

"不要为打翻的牛奶哭泣"，这句话包含了丰富而深刻的哲理，过去的已经过去，历史就如“黄河之水天上来，奔流到海不复回”，不能重新开始，不能从头改写。为过去哀伤，为过去遗憾，除了劳心费神，分散精力，没有一点益处。

要想发挥自己的潜能，取得事业的成功，必须勇于忘却过去的不幸，重新开始新的生活。莎士比亚说：“聪明人永远不会坐在那里为他们的损失而哀叹，却用情感去寻找办法来弥补他们的损失。”

“舍”就是“得”

给予，即是爱；占有、获取并不是爱。只有心甘情愿的付出，尽心竭力的奉献，不需偿还的给予，才是爱。“只要人人都献出一点爱，世界将变成美好的人间。”只要自己先献出一点爱，那么生活将会更加温馨与幸福！

不行春风，焉得秋雨？舍得就是一种赠予。

人的一生中，都无法避免困难和问题。物质上需要帮助、支持；精神上需要理解、鼓励；兴趣上需要满足、发挥……如果我们能想他人之所想，急他人之所急，及时给予人以物质和精神的帮助和安慰，在别人的心里就会产生巨大的震撼力，而对自己，则减掉了许多原来扔也扔不掉的精神负担。

给予的方式并不相同：有有条件的，有无条件的；有有限的，有无限的；有忘我的，有为我的；有精神的，有物质的。有物质给予的：有等价的，有不等价的；有先给后取的，有先取后予的。精神的东西，理解与鼓励；物质的东西，互相馈赠。古希腊哲学家伯利克说过：“我们结交朋友的方法，是给他以好处。当我们真的给他人以恩惠时，我们不是因为得失而这样做，乃是由于我们慷慨而这样做，并不后悔的。”

给予他人，也要善于给予。只要善于给予，那么能够给予的东西就太多了。为别人奉献自己，牺牲时间，也是一种给予；为别人的幸运和成功而庆幸，也是一种给予；能从别人的观点看事物，容许别人有自己的意见和特色，也是一种给予；谨慎——避免鲁莽的言行，耐心——倾听别人的倾诉，同情——分担别人的悲痛等，都是一种给予。

某年，美国纽约流行性感冒非常严重，医生和护士应接不暇。纽约市某俱乐部的若干会员决定助一臂之力。他们都是上了年纪的富人，如果捐出一大笔钱来，实在易如反掌。但是，他们没有那样做，却穿上白制服，为医院刷地，替病人洗澡，侍候病人，安慰垂危的病人和死者的家属。疲劳和传染都不能挫伤他们的热情与热心，他们给予的不是钱，而是献出自己。但是，他们却从中体会到了金钱无法给予他们的快乐。

没有播种，哪来收获？一个并不准备承担付出的人，最终得到的是痛苦和孤独。朋友间的幸福快乐，更多地存在于慷慨地给予之中。

第四章

达观是一种大人生

“与人友善，学有所长；宠辱不惊，达观向上”是通往幸福的格言。

达观是一种大境界，是用一种完全不同的眼光来审视人生，从而获得一种前所未有的从容和乐观，它让我们用平静的心态对待生活的起起落落。

我们不要对生活提出苛刻的要求，要根据我们自身的实际情况来面对和处理身边的事情，一切要顺其自然。

路有升沉进退，人有悲欢离合。从容达观是一种对人生的透彻把握，不管是谁，只要能以平和心态面对一切，闲看天边云卷云舒，笑看庭前花开花落，必能摆脱是是非非、纷纷扰扰。也只有这样，才能善待自己，善待生活，善待人生，善待生命。

人生是一次负重的单程旅行

捷克作家米兰·昆德拉曾说："一切重压与负担，人都可以承受，它会使人坦荡而充实地活着，最不能承受的恰恰是'轻松'。"

生活中人们往往容易陷入一个误区，盲目地羡慕轻松、舒适、没有压力、高回报的工作，可是市场经济时代还有这种工作吗？也有人希望自己的一生轻松自在、愉快无忧，没有痛苦和磨难，甚至连困难也没有，可是又有谁会有这样的"幸运"呢？

我们常常看到这样的现象，一些中老年人原先身体挺好的，但退休后日子不久，便逐渐和药瓶子成了"相依为命"的"伴侣"。有些老人，甚至退休后只三五年就撒手人寰了，让人极为惊诧。

有这样一个故事，有一对父子，驾着一艘小船行驶在水面上，突然风浪大作，小船就像海面上的一片树叶一样在大浪中颠覆，眼看就要翻了。儿子惊慌失措，这时父亲发话了："快往船舱里灌水。"当船舱里的水位达到一定程度时，奇迹出现了，小船不再摇晃了。

行船是如此，生命也是如此！有些退休老人之所以衰老得特别迅速，其主要原因是因为他们生命的马车突然卸套，使心理不再负重，生命也就迅速衰竭。

我们也看到或听到，某农村妇女的丈夫意外去世了，她独自拉扯着年幼的子女。她吃不饱、穿不暖、睡不好，还必须超负荷地干活。虽然人很老相，但身体却非常健康。她没有时间生病，也不能生病，因为嗷嗷待哺的孩子正需要她。而正是这种负荷，让她坚定而健康地生活着。

从这些事例中我们不难看出，负重的生命才更有韧性，更加健康。

一般人认为，紧张、繁忙的工作会影响身体健康，传统的养生之道多强调休息和宁静。但人的生活如果过分地松弛、散漫，也同样不利于身心健康。

有这么一句名言："闲散犹如酸醋，会软化精神。"这是因为，良好的情绪是维护正常生理功能的前提，是防病治病的重要因素。一个人如果没有一点压力，松松垮垮，无所事事，就会在闲散中慢慢磨去锐气，钝化志趣，莫名的空虚、寂寞、孤独、忧愁就会不时袭来，自然也就不可能精神愉快、身体健康了。

生活的经验告诉我们，紧张的工作可以排除人们的孤独感与忧愁感，能增添生活情趣，给人带来欢乐，获得充实，使人保持良好的情绪，不仅有利于提高工作和学习效率，而且有益于身心健康。

若能一切随缘去，便是世间自在人

人不妨大度一些，宽容一些，若能将名利、荣辱甚至生死都看开的话，那就没有什么外界的因素能影响到他，威胁到他，那就是真正的生活的强者，是自我的主人。

生活中许多事强求无益，倒是一切随缘，一半糊涂一半清醒更有益于生活。为了最终实现自己的愿望，也为了整个过程放松自己，我们应该承认生活的法则同自然的法则一样，不必强求，随遇而安即可。

已经是三伏天了，庭院的草地上仍然是一片枯黄。

小和尚说："师傅，快撒点草籽儿吧，这草地太难看了！"

师傅说："好啊！等天凉了，随时吧！"

中秋，师傅买了包草籽儿叫小和尚去种。

在阵阵秋风吹动下，草籽儿四处飘洒……小和尚急得喊了起来："师傅，不好了！"许多草籽儿都叫风给吹走了！"

师傅不动声色地说："嗯——没关系。吹走的多半是空的，撒下去也发不了芽儿。随性吧。"

种子刚刚撒完，就引来了一群麻雀。小和尚急得直跺脚："坏了，坏了！草籽儿都让麻雀给吃了。怎么办呢？"

师傅心平气和地说："别急。种子多，吃不完，随遇吧。"

那天夜里，下了一阵暴雨。清晨，小和尚到院里一看，就三步并做两步地冲进房间："师傅，这下儿可完了！草籽儿都让雨水给冲走了！"

师傅说："冲到哪儿就会在哪儿发芽儿，随缘吧。"

十几天过去了，枯黄的草地居然长出了一片青翠可人的绿色的苗苗！原先没有播种的地方也泛出了绿意。

小和尚高兴得直拍手："太好了！"

师傅眯起笑眼，点着头说："随喜，随喜！"

随时，随性，随遇，随缘，随喜——别把生活定格在某一个特定的时间、空间、标准上，永远别去计较生活的不快，在坚强中随遇而安，在平凡中感悟快乐，我们就会本能地收获幸福和喜悦。

庄子说："古时候的真人，不知道喜欢生存，不知道厌恶死亡；出生不欣喜，入死不拒绝；无拘无束地去，无拘无束地来罢了。不忘记自己从何处来，也不追求自己的归宿；事情来了欣然承受，忘掉死生任其复返自然，这就叫作不用心智去损害道，不用人的本领去帮助自然，这就叫真人。若这样，他的内心忘掉了一切，他的容貌静寂安闲，他的额头宽大恢宏；冷肃得像秋天，温暖得像春天，高兴或愤怒如四时运行一样的自然，对任何事物都合宜相称而无法探测他精神世界的真谛。"仔细推敲起来，庄子说的"不用心智去损害道，不用人的本领去帮助自然"，也有安时处顺、乐天知命的意思包含在里面。

人力固可胜天，可是成功有时也有机遇成分在里面发挥作用。做人做事一方面积极追求，努力奋斗；另一方面，当碰到不如意的事情时，要学会"安守天命"。人不在意活得富贵，而在意活得顺心遂意。有成就时，适当地高兴一下未免不可，不得志时却不能心怀忧郁。志存高远，不怨天，不尤人，安分守己，这样对万事万物就都通达乐观。

改变不了环境就去适应它

一个人最终能否成功，不在于所处的环境是什么样子，从事什么样的工作，关键是看如何对待环境，如何对待工作。你的态度会直接决定着你的命运。天道酬勤，命运掌握在勤恳工作的人手上。

成功学中有许多关于成功定律和名言警句，如“成功的人之所以成功就是因为他们比别人更加勤奋、更加努力”；“天下没有白吃的午餐，唯有比别人多一份努力，才能立足于社会，超凡脱俗”；“一个很重要的定律就是，努力不一定成功，不努力肯定不能成功”。同时还有许多人总结出了许多不同的成功公式，有的是勤奋＋天赋＝成功，有的是勤奋＋天分＋机遇＝成功等等，分析这些成功公式，我们可以发现，在这些公式当中有一个共同的不可或缺的项目就是勤奋。勤奋在事业成功中的重要性可见一斑。

天道酬勤，命运总是掌握在那些勤勤恳恳地工作的人手中，正如优秀的航海员总能驾驭大风大浪一样。人类发展的历史表明，那些伟大的成就通常是由一些平凡的人经过自己的努力取得的。对于勤奋的人，生活总能给他提供足够的机会和不断进步的空间。

成功来自积极的努力，它不会自动降临。如果他是一位成功的科学家，那么在取得成功的过程中，他一定付出了艰辛的劳动，一定是经历了无数次的失败。没有一个成功的人例外。

牛顿无疑是世界一流的科学家。当有人问他到底是通过什么途径得到那些伟大的发现时，他诚恳地回答道："总是思考着它们。"还有一次，牛顿这样阐述他的研究方法："我总是把研究的课题放在心里，反复思考，慢慢地，起初的点点星光终于一点一点地变成了阳光一片。"正如其他有成就的人一样，牛顿也是靠勤奋、专心致志和持之以恒才取得巨大成就的，他的盛名也是这样换来的。放下手头的这一课题而从事另一课题的研究，这就是他的娱乐和休息。就连牛顿自己也曾经说过："如果说我对公众有什么贡献的话，这要归功于勤奋和善于思考。"

英国物理学家及化学家道尔顿不承认自己是什么天才，他认为自己所取得的一切成就都是靠勤奋。只要翻一翻一些大人物的传记，我们就知道大多杰出的发明家、艺术家、思想家和各种著名的工匠，他们的成功在很大程度上归功于非同一般的勤奋和持之以恒的毅力。

前英国首相丘吉尔在第二次世界大战期间一天工作16个小时，周总理在大多数情况下每天只有4个小时的睡眠时间。英国首相玛格丽特·撒切尔夫人具有过人的精力，她是一个靠自己的奋斗获得成功的女士。她很少度假，每天睡眠不超过5个小时，她从低微的下层工作开始，经历了漫长的过程，成为欧洲历史上第一位女首相。

天道酬勤，要想成功，就要培养勤奋的工作习惯。人们一旦养成了一种不畏辛劳、敢于拼搏、锲而不舍、坚持到底的工作品质，无论从事什么样的工作，都能在激烈的职场竞争中立于不败之地。即使从事最简单的工作也少不了这些最基本的品格。

如果你永远保持勤奋的工作状态，你就会得到他人的称许和赞扬，就会赢得老板的器重。不仅如此，由于你的勤奋会导致自身能力的提高，会赢得更多的发展机会。正如踢足球是在奔跑中寻找破门良机一样，在不懈地努力学习与工作中，我们的生命才会升值。我们发现，取得优异成绩的员工，都具有勤奋的品格。

任何人都要经过不懈努力才能有所收获。收获的成果取决于这个人努力的程度，世上机缘巧合的事太少了。有人说“我很聪明”，那么假设果真如此，你就应该为聪明再插上勤奋的翅膀，这样你就能飞得更高更远；如果你还不够聪明，你就更应该勤奋，因为“勤能补拙”。现实生活中，我们经常能够发现“龟兔赛跑”的故事，最终成功的人，不一定是最聪明的人，但肯定是勤奋的人。在漫长的人生道路上，勤奋比天才更重要。

及时抛下人生的“包袱”

自我束缚不仅表现在客观环境上，也表现在因客观环境而形成的主观意识上，因此打破这种束缚，意味着两种环境的同时改换，只有这样，才能全面地改进自己的做人境界。

有这样一则寓言：

小虎鲨在一次去浅海游泳玩耍时被人类捕捉到。离开大海的小虎鲨还算幸运，被一个研究虎鲨的单位买了去。关在人工鱼池中的小虎鲨虽然不自由，却不愁食物，因为研究人员会定时把食物送到池中。

有一天，研究人员将一片厚玻璃放到池中，把水池隔成两半，小虎鲨看不出来。研究人员把活鱼放到玻璃的另一边，小虎鲨看到鱼后就冲了过去，却撞到玻璃上，痛得头昏眼花，什么也没吃到。

小虎鲨不信邪，等了几分钟，看准了一条鱼又冲过去，这次撞得更痛，差点没昏倒，还是吃不到。休息10多分钟之后，小虎鲨饿坏了，这次盯住一条更大的鱼又冲过去。情况没改变，小虎鲨撞得嘴角流血，终究想不通到底是怎么回事。

最后，小虎鲨拼了最后一口气，再冲，仍然被玻璃挡住，撞了个全身翻转，鱼就是吃不到。小虎鲨终于放弃了。

研究人员又来了，把玻璃拿走。然后，又放进的小鱼在池中游来游去。小虎鲨看着嘴边的美食却不敢去吃，尽管饿得两眼昏花也一直忍着。

在这则寓言中，小虎鲨之所以忍饥挨饿也不去捕食，就是因为它已经形成了一种“不可能”的心理定式。作为比鲨鱼聪明的人，在这方面我们其实也不比小虎鲨做得更好，一种甘心束缚于现状、路已走到尽头却不知改变生存环境的思维习惯一直束缚着人们。

我们之所以不得不改变，就是为了要打破现状。我们可以思考一下，什么时候是非得打破现状不可的。有很多时候，我们会面临一个停滞不前的状况，却怎么也不明白它不前进的原因，因此也就不知道该如何是好。有些性子急的人，因为无论如何也不能了解自身和环境的状况，不管再怎么想也找不出对策，因而死心断念，甘心停步不前。

我们应该让“我不行啦”，“不可能啦”等口头禅从我们的口中消失。成天把消极的语言挂在嘴边的人，光是这样唠叨，就已经把自己的志气耗尽了。人的意志力之大，往往是超乎自己想象的。心理上先抱失败的想法，自然整个人的行为、感觉就会受到影响。这样的情形，是我们不能忽视的事实。

总而言之，激励自己，彻底使自己成为积极进取的人，是十分重要的。习惯性地认为自己“绝对可以胜任”、“我每天都在成长之中”，正是走向成功、改变自我现状的第一步。

变化之际就是机会出现的时候，今后该如何准备，才能改变自己的现状，这是一个有心改换做人方法、有志改变自己人生的人应首先考虑的问题。倘若我们在努力挣脱束缚却发现实在难以完成时，应该转变一下思维方式，从另一个角度看一看：这个束缚是不是自己虚设的，是不是已经被打破而自己还认为它仍然存在？我们是不是可以“金蝉脱壳”，从另一条渠道很容易地摆脱它？就像那只小虎鲨，自己原本可以慢慢地游过去，试探着，不致被撞得头破血流而导致心灰意冷，说不定几次试探之后，那道无形的墙已经自动消失了。

知人者智，自知者明

乔叟说："自知的人是最聪明的。"人贵有自知之明，老子说："知人者智，自知者明。胜人者力，自胜者强。"这显然是把自知和自胜放在更高的层面上来评价的。没有自知，不能自胜，每个人都要认识自己，通过各种方法了解自己，找准自己的位置和方向。

善于体察别人的是智慧，能够认识自我的是高明，善于战胜别人的是有威力，能够战胜自我的是坚强。

了解别人，慧眼识人，这种人了不起，但识人有术，这里面有经验成分，但真正能够了解自己的人才是智者。

在古希腊帕尔索山上的一块石碑上，刻着这样一句箴言："你要认识你自己。"卢梭称这一碑铭："比伦理学家们的一切巨著都更为重要，更为深奥。"显然，正视自己是至关重要的。

汉文帝是个很有作为的皇帝，他敬重老臣陈平、周勃，得到了他们的有力辅佐。而陈平和周勃也互相尊重，互让相位，成为以"谦让"为做人之本的典范。

一天，文帝到陈平家去探视。面对文帝的深切关怀，陈平非常感动，但也非常惭愧。他对文帝说："皇上您太仁慈了，但我却犯了欺君之罪。我对不起您对我的一片爱心啊！"原来，陈平并没有生病，而是装病。他不想当丞相，而是想把相位让给周勃。文帝问："为什么？"

陈平诚恳地说："高祖在时，周勃的功劳不如我；诛灭诸吕时，我的功劳不如周勃。所以我愿意把相位让给他，请皇上恩准。"

皇上听陈平如此说，理解听从了陈平的建议，决定任命周勃为右丞相，位居第一，任陈平为左丞相，位居第二。

文帝对国家大事非常重视。有一天汉文帝上朝时，想了解一下国家与人民百姓的事情，于是他就把右丞相周勃找来，问他："全国一年之中要审理、判决的大大小小案件一共有多少件？"周勃一听愣了一下，低着头，回答汉文帝说不知道。文帝又问："那么全国上下每年收入和支出的金钱又是多少？"周勃急出一身冷汗，汗水多得把脊背的衣服都弄湿了，因为他还是回答不出来。

汉文帝看周勃答不上来，就又问左丞相陈平，陈平说："这些事情都分别有掌管的人，问审理案子的事，有廷尉；问财务的事，有内史。只要把他们都找来，一问就知道了。"

文帝听后就生气了，说道："既然什么事情都有专人负责，那么丞相应该管什么呢？"

陈平毫不犹豫地回答："每个人的能力都是有限的，不能事无巨细，每事躬亲。丞相的职责是：上能负责皇上，下能调理万事，对外能镇抚诸侯，对内能安定百姓。同时，丞相还要管理大臣，使他们都能尽到自己的责任。"

汉文帝听了点点头，对陈平的回答十分满意。

事后周勃感到非常羞愧，觉得自己反应、机智都不如陈平，于是借着生病想回家乡养老的理由，辞去右丞相的官职。

汉文帝非常理解周勃的心情，批准了他的辞呈，任命陈平为右丞相。从此以后，不再设立左丞相。

陈平辅佐汉文帝，励精图治，促成了汉朝的中兴。

智者做人总能正确认识自己的才能，并以自己的才能为基础，懂得“力所不及”和“过及”的辩证法则。真正认识自己并不是件容易的事。有人活了一辈子都不能认识自己，对别人认识得很清楚，把握得很准确，而对自己却不认识，也不能准确把握。也有人感叹自己不了解别人，却认为完全了解自己，这都是不能正确认识自己的表现。

“你要认识你自己”，就是说，包括认识自己的情感、气质、能力、水平、优缺点、品德修养和处世方式等，能对自己做出较为准确、恰如其分的估量和评价，不掩饰、不溢美。

乔叟说：“自知的人是最聪明的。”人贵有自知之明，老子说：“知人者智，自知者明。胜人者力，自胜者强。”这显然是把自知和自胜放在更高的层面上来评价的。没有自知，不能自胜，每个人都要认识自己，通过各种方法了解自己，找准自己的位置和方向。

“不识庐山真面目，只缘身在此山中。”认识自己，首先要自己跳出“庐山”，以旁观者的眼光分析和审视自己。功是功，过是过，不夸大，不缩小，实事求是，避免主观性和片面性。认识不足，才能克服缺点，推动自身进步。其次，通过与别人比较来认识自己。自我评价高或低，把自己放在年龄相似并较熟悉的人中间作比较，认识自己的实际水平及在群体中的地位，找到差距和努力方向。再者，通过交往征求别人意见，依靠朋友，向他们了解对自己的看法，从中总结自己。

在漫长的人生历程中，必须正确地认识自己。把自己估计过高，会脱离现实，守着幻想度日，怨天尤人，怀才不遇，结果小事不去做，大事做不来，一事无成；把自己估计过低，会产生强烈的自卑感，导致自暴自弃，明明能干得很好的事，也不敢去试，最后抱怨终生。可见，认识自己多么重要。倘若能正确认识自己，面临成功，不会忘乎所以，瞧不起别人；遇到挫折失败，也不会丧失信心，只能更加谦虚，更加勤奋。

尤其在竞争的今天，充分认识自己，找出自身的优势和劣势，加强学习，不断提高，才能适应形势，找准自己的位置，使自己成为一个对社会有用的人。

如果你不给自己烦恼，别人永远不可能给你烦恼

每个人都曾有过烦恼或正在经历烦恼，事实上，这些烦恼都是我们自找的。一个浮躁的人往往乐于自寻烦恼。你可以寻找甜蜜的爱情，你可以寻找美好的生活，但你决不可自寻烦恼。

“烦恼”是生命中重要的组成部分，因而人类必然存在烦恼。如何面对烦恼呢？一般总是采取逃避的态度，比如出去旅游、散心、看电视、跳舞、唱卡拉OK、打麻将等这种种活动来逃避自己，古诗曰：“但愿长醉不愿醒。”这是借酒逃避，很少有人能够在烦恼升起时，能够不寻求外物，冷静面对自我，自任烦恼的生灭。

其实，人生的大多数烦恼都是自找的，本来就没有烦恼，或者说原本就不是烦恼。例如，当了几年县长之后就想当市长，结果提了一个资历比自己差很多的人上去了，你肯定不高兴，其实你所处的位置不知有多少人羡慕着，再说市长有市长的烦恼，而且市长的烦恼未必少。还有的人为钱而烦恼，有了一万想二万，有了二万想五万……还是烦恼，可惜你除了想过钱多有钱多的得意，有没有想过钱多有钱多的烦恼；钱少的或许没有钱多的那么神气，但钱少的也没有钱多的那么多担忧，平民小户没有大户人家对盗贼绑架的担心，恐怕也少有为争夺家产使兄弟反目，甚至相残的悲哀。

美国心理治疗专家比尔·立特尔经过研究认为：一个人若有以下心理或做法，必定会促使其自寻烦恼。

（1）做不可能实现的梦：最可怜的人是那些惯于抱有不切实际的希望的人。如果一个人把自己的目标制定得高不可攀，他就会因为不能实现目标而烦恼。

（2）无事生非，把别人的问题揽到自己身上：如果你把别人的问题揽到自己身上而自怨自艾，把某些人不喜欢你的责任也统统归因于自己，那么要不多久，你就会烦恼成疾。

（3）制造隔阂：绝不去赞扬别人，确实做到不使用任何鼓励之词；其次，喋喋不休地批评、挑刺、埋怨、小题大做。这是制造隔阂、自寻烦恼的妙法。

（4）盯着消极面：牢牢记住你有多少次受到不公正的待遇，或者记着有多少次别人对你说话的态度不友善。如果你把注意力集中在那些不好的、吃亏的事情上，你就会运用这种消极的思想方法来给自己制造烦恼。

（5）滚雪球式地扩大事态：当问题第一次出现时就正视它，它就很容易化为乌有。反之，如果让问题像滚雪球一样不断地扩大下去，最后滚雪球的人总是遵照一条简单的规则行事："如果错过了解决问题的时机，索性再往后拖拖。"这样，只会使问题变得更糟，必定会导致你的愤怒和苦恼埋在心底几个月甚至几年。

钱少的人是很容易满足的，饱受饥饿的人，一个馒头就是一顿美餐，饱受风寒的人，一间茅屋也许就是很好的归宿。正是因为受尽了人间的风霜和饥饿，钱少的人理想就不是那么的远大，他们的烦恼一般都很小很实际。因为很小了，他们往往借助自己的双手不懈的努力达到了自己的愿望，他们就笑了。其实对于一个人来说，基本的问题——有吃有住都解决了，还会有什么比这个更重要的事情呢？

而有钱的则不然，他们也许从小就生活在一种富足的环境中，不愁吃穿，他们的目光看的就很远，他们玩的是站的很高的游戏——政治和资本。他们的生活豪华奢侈，他们是天马行空，前呼后拥，一呼百应。可又有多少人知道，资本运作和政治更迭的背后隐藏着多大的杀机，有钱人应付这种来自同类的攻击要付出多大的努力。你不见吗？这些危机不得不失掉他们保护大脑的头发。

《华严经·如来出现品》言曰："假使干草积同须弥，投火于中，如芥子许，必皆烧尽。何以故？火能烧故。于如来所种少善根亦复如是，必能烧尽一切烦恼。"

假如把干草堆积得像须弥山那么大，投一点点像芥子那么大的火种在里面，一定会将干草烧尽。为什么呢？因为星星之火可以燎原。众生对佛所种的一点点善根也是如此，一定能烧尽自己身心的一切烦恼。

每个人都有七情六欲和喜怒哀乐，烦恼也是人之常情，是人人避免不了的。但是，由于每个人对待烦恼的态度不同，所以烦恼对人的影响也不同，通常人们所说的乐天派与多愁善感型就是显然的区别。乐天派的人一般很少自找烦恼，而且善于淡化烦恼，所以活得轻松、潇洒；而多愁善感的人则喜欢自寻烦恼，一旦有了烦恼，忧愁万千，牵肠挂肚，离不开，扔不掉，活得有些窝囊。

人世间的苦果，假如它是实实在在的，固定不变，那的确是一件很令人烦恼的事，可"苦"的存在并非是固定不变。换一句话说，同样一种窘境，你用烦恼心态对待，可以是痛苦不堪的；假如你用乐观心态看待，也可以处处泰然。就像别人骂你、伤害你，你要是在意、执着，才会烦恼；如果不在意、不执着，你还会烦恼吗？因此人生倘若缺乏自在心，处处只有烦恼，没有丝毫的菩提；如果有了乐观的心态，时时都是菩提，时时都想得开，就不会有烦恼了。

试着放开一切

宽容是一种博大，它能包容人世间的喜怒哀乐；宽容是一种境界，它能使人跃上大方磊落的台阶。只有宽容，才能“愈合”不愉快的创伤；只有宽容，才能消除人为的紧张。

为了生活，为了工作，为了房子，为了票子，几乎每个人都有着不小的压力。学会宽容，是让你告别“心苦”的处方。

学会宽容，意味着你不再心存疑虑。

法国十九世纪的文学大师维克多·雨果曾说过这样的一句话：“世界上最宽阔的是海洋，比海洋宽阔的是天空，比天空更宽阔的是人的胸怀。”雨果的话虽然浪漫，却也不无现实启示。

在日常生活中，当没有缘分的“对手”，出于内心的丑恶，在你背后说坏话做错事时，此时你想伺机报复，还是宽容？当你亲密无间的朋友，无意或有意做了令你伤心的事情，此时你想从此分手，还是宽容？冷静地想一想，还是宽容为上。这样于人于己都有好处。

有人说宽容是软弱的象征，其实不然，有软弱之嫌的宽容根本称不上真正的宽容。宽容是人生难得的佳境——一种需要操练、需要修行才能达到的境界。

心理学家指出：适度的宽容，对于改善人际关系和身心健康都是有益的。

大量事实证明，不会宽容别人，亦会殃及自身。过于苛求别人或苛求自己的人，必定处于紧张的心理状态之中。由于内心的矛盾冲突或情绪危机难于解脱，极易导致机体内分泌功能失调，诸如使儿茶酚胺类物质——肾上腺素、去甲肾上腺素过量分泌，引起体内一系列劣性生理化学改变，造成血压升高，心跳加快，消化液分泌减少，胃肠功能紊乱等等，并可伴有头昏脑涨、失眠多梦、乏力倦怠、食欲不振、心烦意乱等症候。紧张心理的刺激会影响内分泌功能，而内分泌功能的改变又会反过来增加人的紧张心理，形成恶性循环，贻害身心健康。有的过激者甚至失去理智而酿成祸端，造成严重后果。而一旦宽恕别人之后，心理上便会经过一次巨大的转变和净化过程，使人际关系出现新的转机，诸多忧愁烦闷可得以避免或消除。

宽容，意味着你不会再为他人的错误而惩罚自己。

气愤和悲伤是追随心胸狭窄者的影子，生气的根源不外是异己的力量——人或事侵犯、伤害了自己（利益或自尊心等）。一言以蔽之，认定别人做错了，于是勃然作色，恶从胆边生；咬牙切齿，怒从心头起。凡此种种生理反应无非在惩罚自己，而且是为他人的错误，显然不值。

宽容地对待你的敌人、仇家、对手，在非原则的问题上，以大局为重，你会得到退一步海阔天空的喜悦；化干戈为玉帛的喜悦；人与人之间相互理解的喜悦。要知道你并非踯躅单行，在这个世界里，我们各自走着自己的人生之路，纷纷攘攘，难免有碰撞，所以即使心地最和善的人也难免要伤别人的心，如果冤冤相报，非但抚平不了心中的创伤，而且只能将伤害者捆绑在无休止的争吵战车上。

穿梭于茫茫人海中，面对一个小小的过失，常常一个淡淡的微笑，一句轻轻地歉语，带来包涵谅解，这是宽容；在人的一生中，常常因一件小事、一句不注意的话，使人不理解或不被信任，但不要苛求任何人，以律人之心律己，以恕己之心恕人，这也是宽容。所谓“己所不欲，未施于人”也寓理于此。

不争是个好心态

有纷争就会产生矛盾，有矛盾就会造成伤害，我们只有让内心平静下来，将那些不知的争吵、纷争的事情看得淡了，才会如老子所说“夫唯不争，故无尤”。

两千多年前的大圣人老子就说过：“夫唯不争，故无尤。”——由于不争功名，不求私利，所以从来都不会有过失。

老子心目中的“不争”，即要求个人在处世过程中要具有谦让而不你争我夺的品格，能在合适的位置上，即便是处在十分卑下的地方，也能始终如一地永远付出着，能够“心善渊”、“事善能”，充分实现自己的人生价值，而没有怨咎、遗憾、悔恨。

俗话说“多一事不如少一事”，好事多了也会扰乱人的心绪，动摇人的意志。人是十分脆弱的，也是经不起诱惑的，不拼命追求好事，也是对自己的爱护。人们应该有顺其自然的心态，凡事不要过于强求。

在许多企业热衷于把自己定位于行业“龙头”、集团“航母”、销量“第一”的时候，国内厨具知名品牌方太的当家人茅理翔却提出与众不同的观点：“不争第一，甘当老二。”方太集团董事长茅理翔认为，老大、老二均是行业的首领，何必一定要去争老大呢？更何况第一也好，第二也罢，关键在于谁是强势品牌，能永远立于不败之地才是长寿企业。尤其是正处于企业成长阶段，定位于“老二”更有助于减少浮躁情绪，稳下心来精耕细作。

对于这样的说法，也可能有人会讥笑说:“你没能力拔头筹，才故意自圆其说，这是懦夫哲学。”而茅理翔的理解是:“当第一太累了，会成为众矢之的，天天战战兢兢怕掉下来。事实上，当老二也不是件简单的事；而甘当老二，更难能可贵。现在有很多大企业，扩张太快，几年后立即倒下去。有的图个盛名，内部千疮百孔，不堪一击；有的是泡沫，有风吹草动，就会破灭。所以，关键还得苦练内功、保持实力，真正成为长寿企业。”甘当老二，也是一种策略。老大最怕有人超过他，往往不惜一切手段打击和扼制，不叫老二跟上来；老三老四也往往首先把目标对准老二，以便把他拉下来自己取而代之。所以老二的日子是很不好过的。这时，如果你表个态，不争第一，甚至还要同情第一，保护第一，老大就可能不恨你，不防你，你就可以保存实力、趁势发展了。甘当第二，还有一个理由。像方太的市场定位是中高档，而中高档消费阶层不可能占大多数，从市场占有率来讲，市场份额就相对比较小。能长久当老二，就是一个成功者、胜利者。

茅理翔这种甘居第二的态度，同样是老子“不争”的智慧。然而这种智慧对于企业来说，却能使企业不急于求成，走稳企业发展道路上的每一步。把根基立稳了，实力自然就上去了，便不会出现类似秦池酒厂这样的“空架标王”了，在客观上可以称它为一种“不争”中的胜利。

进一步而言，老子的“不争”并非是消极我们的头脑，而是让我们能够以冷静的心态面对那些没有意义的纷争，省出更多的时间做那些更有意义、更有价值的事。老子的“不争”正是让我们不要去争一时的高下，而是积蓄力量去争取人生更长远的成功。

今日的执着，会造成明日的后悔

人的一生少不了一种叫作执着的精神，或者说是一种信念，但是现实生活和世界的纷繁复杂和多变让我们意识到：其实机智灵活的变通往往比执着更能获得“完美”。

有的人羡慕孙悟空的“七十二变”，不愿意每分钟都固定不动。“七十二变”确实很厉害，但是怎么也敌不过稳如泰山的如来佛；有的人追求飞蛾扑火的壮烈，以为那是一种执着的美。扑火的一瞬间，飞蛾毅然决然，但终究还是化为灰烬。其实生活中我们会遇到很多难题，只有既坚持执着又坚持变通才是最好的解决之道。

这样说似乎是有些矛盾。执着是指面对一个方向坚持走下去，而变通则是灵活应变，随时改变方向。这两个词似乎是反义词，但是，矛盾总是统一的，并可以在一定条件下相互转化。每当我们面临困难时，我们要选准一个方向，执着地去搜寻解决的方法。如果丝毫也不见效果，那么我们的方向可能错了，就要开动脑筋变通一下，重新确定个方向再坚持不懈，直到解决困难为止。在这里面的“一定条件”就是指“丝毫不见效果”。所以说，只有在需要变通时才能变通，否则我们永远也不能找到正确答案。

两个人进山洞寻宝，但是迷了路。后来干粮快吃完了，只剩下了一支手电筒。第一个人起了坏心眼，夺走了余下的干粮和那支手电筒，离开了第二个人。山洞中漆黑无比，第二个人每走一步，因为没有了手电筒，都有可能摔倒。但是也正因为没有手电筒，使第二个人的眼睛对光亮异常敏感，最后终于爬出了山洞。而第一个人吃光了干粮，拿着手电筒搜寻出口，怎么也找不到洞口，最后终于饿死在山洞里。

这虽然只是一个杜撰的小故事，从中我们却可以看出许多道理。一般人在黑暗之中都需要光亮，但是第二个人却因为没有手电筒而走出山洞，这是变通的表现。当然，如果第二个人缺少了执着搜寻的信念和坚持不懈的努力，也是不能爬出山洞的。

现代社会是个瞬息万变的世界，你永远不知道下一秒钟会发生什么变化，所以我们就必须具有临危不惧的头脑和以静制动的思想，不能随波逐流，飘摇不定。不过，我们也必须具备随机应变的能力和灵活作战的方式，只有这样才能不被淘汰。

适时的变通往往需要一种灵活而又迅速的转变，来一个对规则束缚的挣脱，否则我们就会一味地钻入“执着”的套子，陷入其中不能自拔，成为“钻特殊牛角尖的英雄人物”。所以，这就要求我们要真正地开阔思维，寻找多种渠道来解决问题，或许你会从中得到不用劳神费力、盲目蛮干的意外收获。

如果我们缺少了变通，一味地执着，或许我们也可称这种行为是蛮干，这种“执着”往往使人身陷困境并湮没于困境，对国家和社会生活也会造成不可估量的损失。

生命的长途中有平坦的大道，也有崎岖的小路；有春光明媚万紫千红，也有寒风凛凛万木枯萎。在生命的寒冬里我们需要执着，然而当面前就是万丈深渊之时还固执前行就意味着死亡。变通就是：一指间的距离却让你获得生命。

一个林场主从父亲那里继承了大片的林场，每天驾车穿梭于林场中，他都万分欣喜地看着这些能给他带来大笔财富的森林。然而。一场无情的大火把一棵棵百年树木变成了焦木。他失魂落魄地走在街上，发现许多人排队购买木炭取暖，他灵机一动，把焦木加工成木炭销售，结果获得了大笔财产。

聪明的农场主在苦心经营的林场成为焦木时，没有盲目地执着种树，而是利用焦木获得大量财富。这一指间的变通让他重获财富。

变通能带来成功，转机能给人以新生。“变则通，通则久。”“历史是不断运动变化发展的，我们要用发展的观点看问题，使思想和实际相符合。”这是马克思的辩证法给我们的科学真理。

商鞅二次变法为秦统一奠定了基础；唐太宗唐玄宗的变法改革于是有了开元盛世，有了贞观之治；日本的明治维新使日本迅速发展。而清朝的闭关锁国故步自封则使清朝严重落后于世界历史的潮流，造成中国沦为半殖民地半封建社会，造成了大量财产被帝国主义侵占，造成了中国人民的屈辱史和血泪史。

一个人需要变通来获得成功，一个企业需要变通来获得效益，一个民族需要变通来获得发展。变通就在你不经意的一瞬间，就是一指间的距离，变通会让你看到柳暗花明。

因此，人的一生不能缺少执着，更不能缺少变通；只有突破思维的束缚，我们才能正确地看待和评价事物的是与非，才能在理想的道路上执着而又灵活平稳地前进。当我们真正地将“变通”和“执着”融合，真正获得思维的解放，或许我们会得到更多。

第五章

平常之心面对苦与乐

追求幸福，免不了要触摸痛苦。人生是无法回避苦难的，重要的是要善于超越这种苦难，从中获得解脱。

一个人无忧无虑，没有经过现实斗争的洗礼，只能说还处于精神幼年时期，这时的欢乐和幸福是表面的、脆弱的。只有去领略人生道路上的种种艰难，才能最终成为一个优秀的人、内心丰富的人，才会觉得自己真正存在过。不知道苦难的人，也就不明白快乐；没有哭泣过的人，也就不会感到喜悦。

我们的感觉思想所包含的内容越是丰富，饱受苦难和享受快乐的能力就越是强大和深刻，我们就生活得越好。一瞬间这样的生活，比醉生梦死、愚昧无知地活上一百年，要有意义得多。我们先得有饱受苦难的能力，然后才会有享受快乐的能力！生活就是意味着感觉和思索，饱受苦难和享受快乐！

过去不代表现在或将来

对于过去的错误，我们不应耿耿于怀。《坛经》上说“改过必生智慧，护短心内非贤”，意思有两个，一个是说知错能改善莫大焉，另一个就是让人们不要总停留在过去，过去的成功也罢失败也好，都不能代表现在和未来。

唐代文学家、哲学家柳宗元对于禅学一道也颇有研究，他所做的《禅堂》一诗就暗藏着深刻禅理——

万籁俱缘生，杳然喧中寂。

心境本同如，鸟飞无遗迹。

这首诗是柳宗元被贬之后的所作，前两句诗的意思是：大自然的一切声响都是由因缘而生，那么，透过因缘，能够看到本体；在喧闹中，也能够感受到静寂。后两句意思是说心空如洞，更无一物，所以就能不被物所染，飞鸟（指外物）掠过，也不会留下痕迹。它不仅写出了被贬之后的幽独处境，而且道出了禅学对这种心境的影响。

可以说人的一生由无数的片段组成，而这些片断可以是连续的，也可以是风马牛毫无关联的。说人生是连续的片断，无非是人的一生平平淡淡、无波无澜，周而复始地过着循环往复的日子；说人生是不相干的片断，因为人生的每一次经历都属于过去，在下一秒我们可以重新开始，可以忘掉过去的不幸、忘掉过去不如意的自己。

在雨果不朽的名著《悲惨世界》里，主人公冉·阿让本是一个勤劳、正直、善良的人，但穷困潦倒，度日艰难。为了不让家人挨饿，迫于无奈，他偷了一个面包，被当场抓获，判定为“贼”，锒铛入狱。

出狱后，他到处找不到工作，饱受世俗的冷落与耻笑。从此他真的成了一个贼，顺手牵羊，偷鸡摸狗。警察一直都在追踪他，想方设法要拿到他犯罪的证据，把他再次送进监狱，他却一次又一次逃脱了。

在一个风雪交加的夜晚，他饥寒交迫，昏倒在路上，被一个好心的神父救起。神父把他带回教堂，但他却在神父睡着后，把神父房间里的所有银器席卷一空。因为他已认定自己是坏人，就应干坏事。不料，在逃跑途中，被警察逮个正着，这次可谓人赃俱获。

当警察押着冉·阿让到教堂，让神父辨认失窃物品时，冉·阿让绝望地想：“完了，这一辈子只能在监狱里度过了！”谁知神父却温和地对警察说：“这些银器是我送给他的。他走得太急，还有一件更名贵的银烛台忘了拿，我这就去取来！”

冉·阿让的心灵受到了巨大的震撼。警察走后，神父对冉·阿让说：“过去的就让它过去，重新开始吧！”

从此，冉·阿让洗心革面，重新做人。他搬到一个新地方，努力工作，积极上进。后来，他成功了，毕生都在救济穷人，做了大量对社会有益的事情。

冉·阿让正是由于摆脱了过去的束缚，才能重新开始生活、重新定为自己。

人们也常说，“好汉不提当年勇”。同样，当年的辉煌仅能代表我们过去，而不代表现在。面对过去的辉煌也好、失意也罢，太放在心上就会成为一种负担，容易让人形成一种思维定式，结果往往令曾经辉煌过的人不思进取，而那些曾经失败过的人依然沉沦、堕落。然而这种状态并非是一成不变的——

有一天，有位大学教授特地向日本明治时代著名禅师南隐问禅，南隐只是以茶相待，却不说禅。

他将茶水注入这位来客的杯子，直到杯满，还是继续注入。这位教授眼睁睁地望着茶水不停地溢出杯外，再也不能沉默下去了，终于说道："已经溢出来了，不要再倒了！"

"你就像这只杯子一样。"南隐答道，"里面装满了你自己的看法和想法。你不先把你自己的杯子空掉，叫我如何对你说禅呢？"

人生就是如此，只有把自己"茶杯中的水"倒掉，才能让人生倒入新的"茶水"。

生命的过程如同一次旅行，如果把每一个阶段的成败得失全都扛在肩上，今后的路只能会越走越窄，直至死角末路。忘掉过去，才能重新启航！

笑对失落，每每重振作

何谓洒脱：一曰不计较个人得失；二曰只在乎曾经拥有，不在乎天长地久；三曰拿得起，放得下，不为别人活着。

人生，色彩斑斓；生活，五味俱全。人，难得到这个世上，谁不愿人生如画的灿烂美丽？谁不想生活如风似云般洒脱自如？

然而，有所追求，就有所失落，正如要结果而花必然落去，并且追求的目标越高，追求得越执着，失落得也就往往越多，这才是生活的真实。

愉悦如意，使人身心舒畅，意气风发，增添乐趣，犹如踏上阳光明媚的康庄大道。

遇有失落，折磨着意志，冷却了热情，动摇了目标，恰似陷入孤寂痛苦的泥沼。

追求与失落相随，谁也躲避不了。

其实，在通向追求目标的途中有所失落，并非不速之客，它经常伴随着人类的进步、发展而光临；生活而光临；生活负担过于繁重，事业紧迫无法脱身，身心受到摧残打击，美好的理想难以实现，苦苦追求的东西无法得到，几番饮下生活的苦酒，遭受人生的挫折……人类的智慧和力量，也只有在同各种失落较量的过程中，才能更充分更有力地显示出来。正如大江大河在奔涌中一旦碰到礁石，它便会把自己的全部活力释放出来。而对失落，如果能够正确地认识人世的复杂，勇敢地正视追求中的艰辛，深谙人生的辉煌本就触及着许多曲折、坎坷、失败、忧愁，那么，你必定能够笑傲失落，泰然处之。追求似坚固的手杖，目标是力量的源泉。一个人只要是有了这两点，定会融化冰冷的心，提高兴奋机能，越过千山万水，一步步走向成功和喜悦。

纵观古今，事业的成功者，谁不曾失落？如果你在失落的苦闷中不能自拔，一蹶不振，失魂落魄，那只会把人生导向可悲的境地。

众所周知，三毛有着一股男子所没有的勇气四处流浪，她的书透着几多豪情、几多执着、几多坚韧，可她却终于抵御不住疾病和人为的失落而放弃生命。

失落的滋味，苦涩得难以言喻。然而，“失落”这味至苦的药却能治人百病。沉住气，抱十分的智来笑对“失落”吧！你的意志必将坚强，你的性情必将豁达，再苦再难的日子，你不会落泪。这种笑对“失落”的情绪，足以化渺小为伟大，化平庸为神奇，化艰险为坦途。

有道是：

征途常曲折，人生多坎坷；失落时时有，每每重振作。

用笑声淹没痛苦

面对痛苦，不要一味地回避和躲让。因为有了它，我们的人生才变得多姿多彩，我们的意志才变得坚忍不拔，我们的思维才变得成熟敏捷。学会迎接痛苦、医治痛苦、化解痛苦，将痛苦看作一种锻炼。它是让我们走向幸福生活的开始。

幸不幸福可以由你自己选择。人与人之间本来只有很小的差异，但这种很小的差异却往往造成巨大的差异！很小的差异就是所采取的心态是积极的还是消极的，巨大的差异就是幸福或者不幸福。

有着数千年文明的犹太民族，经过了两千多年的流离失所，屡遭屠戮。他们没有国家、没有政府，在世界各地流浪，没有任何人保证他们的安全。然而，就是这样一个民族，却让世界对她刮目相看。在流散两千多年后，他们竟在这样的环境中复兴故国，让荒漠变成绿洲，他们的农业、教育、科技和军事都很发达。这样的一个民族，让世界都为之震惊。他们经历了无数的痛苦和磨难，通过他们自己的智慧来化解这种悲伤，通过他们自己特有的幽默来驱散他们数千年面临的痛苦。即使是面对颠沛流离，居无定所的日子，他们依然靠着幽默顽强的生存了下来。

有人说，笑是水，犹太人是鱼。下面这个故事就能够说明。

有一对犹太老夫妻，他们很穷，有时还挨饿。最后他们实在无计可施，老头对妻子说："老伴，咱们给上帝写封信吧！"于是他们写了信，求上帝帮忙。还签了名，写了地址，封好。"我们怎样才能把这封信寄到上帝那里呢？"老伴不放心地问。

"上帝无所不在。"老头答道，"我们的信无论用什么方法寄，他都一定能收到。"于是他走出门去，把信一扔，被风顺势吹远了。

这时，碰巧有一位富人经过，他好奇地捡起信，他被信里老夫妇的虔诚和天真给打动了，非常同情他们，他决定帮助他们。过了一会，他按照信上的地址，敲开了老夫妻的门。"约瑟先生住在这里吗？"他问道。

"我就是，"老头答道。富人对他说："几分钟之前上帝收到你的信，我是他在法国的代理人，他叫我给你送来100法郎。"

"你瞧怎么样？"老头高兴地大声说，"上帝收到我们的信了！"

老夫妇收下了钱，对上帝的代言人千恩万谢。但当那位先生走后，老头满腹狐疑。妻子问他怎么了，老头若有所思地说："那个代理人看上去一点也不诚实，他可能同我们耍了滑头。很可能上帝给了他200法郎给我们，可能他留了一半做佣金。"

这就是犹太人在数千年的痛苦中积累起来的幽默。他们清楚，要改变他们的处境是多么不容易的一件事，他们只有靠笑声来淹没痛苦。

古人云："不知名位为乐，不知无名无位之乐为最真；不知饥寒为忧，不知不饥不寒之忧更为甚。"

人富有未必就开心，贫穷未必就苦闷。生活中要充满笑声和欢乐。这才是明智的人生。俗话说："笑一笑，十年少。"意思就是让我们对生活充满激情，尽情享受生活的每一天。

痛苦与快乐永远是相辅相成的，当面对痛苦时，我们要用快乐的心态去迎接它，我们应该这样想：正因为有了痛苦，我们的快乐才如此的让人记忆深刻，它让我们的生活多了一种味道。幸福让我们更珍惜。

一个拥有幸福心灵的人，无论到哪儿，都会幸福自得。要想成为一个幸福的人，必须先敞开你的心扉。

亚伯拉罕·林肯曾经说过："我一直认为：如果一个人决心想获得某种幸福，那么他就能得到这种幸福。"俗话说得好，相由心生，境由心转，选择幸福你才会幸福。如果你整天沉溺在自己悲伤的情绪中，你什么时候也发现不了快乐。相反，若你可以在生活中随处取得点点滴滴的快乐，自然而然的，你的眉宇间就会散发光彩。

犹太人有一个"飞马腾空"的故事。

古时候，有一个人被判了死刑，这个人向国王请求饶恕他一命，他说："只要给我一年的时间，我就能使您最心爱的马飞上天空。如果您的马不能在天空飞翔的话，我愿意被处死刑，绝不会有半点怨言。"

国王答应了他。

在他回到牢房之后，另一位囚犯对他说："你不要信口开河，马怎么能飞上天空呢？"

这个人说："在这一年内，也许国王会死，也许我会死，也说不定那匹马出了意外送了命，谁知道会发生什么呢？所以只要有一年的时间，也许马真的能飞上天空呢！"

纵观犹太人颠沛流离的历史，到处都弥漫着这种乐观的精神，他们面对的痛苦是什么事情也不能相比的，同样相对我们来说，还有什么痛苦值得我们悲伤。所以我们要用笑声淹没痛苦。

乐观的人总是能看到事物光明的一面，他们懂得如何化解痛苦。所以，他们总是处处受到欢迎。快乐者，即使处于人生的低谷，仍信心百倍。快乐者是一团火，既照亮自己，又温暖别人。

俗语说得好："幸福的心灵就像良药一样易使病人康复。"快乐是生活的基调，是人生中最快乐的颜色。无论遭遇什么困难，只要你不顾一切地去拥抱生活、寻求快乐，你就能从痛苦中得到解脱。也只有乐观向上的人，才能理解和享受生活；只有经历痛苦并用快乐遮掩痛苦的人，才能真正地了解生命、热爱生活、快乐生活。这才是自己幸福生活的根源。

巴尔扎克说过："苦难对于天才是块垫脚石，对能干的人是财富，对弱者是一个万丈深渊。"我们要做生活的强者，将挫折作为对自己的激励，每天都保持乐观。人生是微笑的观光，而不是痛苦的旅程。

微笑面对痛苦，坦然面对不幸

要以一种泰然处之的心态去面对生活。因为生活是我们的导向，它能把我们从痛苦中引领出来。在沉重的打击面前，需要有处乱不惊的乐观心态。冷静而乐观，愉快而坦然。在生活的舞台上，要学会对痛苦微笑，要坦然面对不幸。

“不以得为喜，不以失为忧”，是一种良好的心态。这种心态的优势是专注于自己的事情，不因一时得失而忧心忡忡或兴奋狂跳，也不要大喜大悲，那样会使我们失去冷静。

量子论之父马克斯·普朗克是19世纪末、20世纪前半期德国理论物理学界的权威，在科学界颇有威望，并于1918年获诺贝尔物理学奖。

普朗克的一生并不是一帆风顺的。中年的时候妻子逝世；在第一次世界大战期间，他的长子卡尔在法国负伤而亡；他的一对孪生女儿也都在生孩子后不久，相继去世。

对于这些不幸，普朗克在写信给侄女时说：“我们没有权利只得到生活给我们的所有好事，不幸是自然状态……生命的价值是由人们的生活方式来决定的。所以人们一而再、再而三地回到他们的职责上，去工作，去向最亲爱的人表明他们的爱。这爱就像他们自己所愿意体验到的那么多。”

对于自己遭遇的一个又一个的不幸，普朗克都能正确地对待，他没有被这些不幸击倒，没有忘记自己人生的意义。

第二次世界大战中，不幸的遭遇又一次降临到普朗克的头上。他的住宅因飞机轰炸而焚毁，他的全部藏书、手稿和几十年的日记，全部化为灰烬。为了逃避空袭，他只好暂寄在一位朋友的庄园里。对于失去家园、财产，他泰然处之。他写道：“在罗格茨的生活还不算坏。”因为他还可以工作，他已经准备好了他想要进行的关于伪科学问题的新讲演。

1944年末，他的次子被认定有密谋暗杀希特勒的“罪行”而被警察逮捕。普朗克虽采取了多方的求助，却没有任何效果。

普朗克在后来给侄女、侄儿的信中说：“他是我生命中宝贵的一部分。他是我的阳光、我的骄傲、我的希望。没有言辞能描述我因他而蒙受的损失。”他在给阿·索末菲的信中说：“我要竭尽全力让理智的工作来填补我未来的生活。”

普朗克面对如此巨大的悲痛，仍然以泰然的心态处之，实在让人敬佩。事实证明，他赢得了世人的尊重。如果我们的心灵不断得到坚韧、顽强、刻苦、质朴之泉的灌溉，那么，不论我们一贫如洗或是位卑如蚁，也可以求得平和之心态。

任何事情都有它的两面性。成就能给你带来快乐，也可以给你带来烦恼。不要过分地去追求，也不要过分地重视自己的地位，你便会过得坦然而自信。

一个人的坦然，是一种生存的智慧。生活的艺术，是看透了社会人生以后所获得的那份从容、自然和超然。

一个人要能自在自如地生活，心中就需要多一份坦然。笑对人生的人比起在曲折面前悲悲戚戚的人，始终坚信前景美好的人较之脸上常常阴云密布的人，更能得到成功的垂青。

马克·吐温被评论家们称羡为美国最伟大的爱开玩笑的人，他也是美国最伟大的哲学家之一。他小时候就已经接触到生活的种种悲剧：他的两个哥哥和一个姐姐，在他年少时相继死去；他的4个孩子，在他还活在人世的时候，也都一个个离他而去。他饱尝了生活的苦楚艰辛，可他坚信，如果用欢笑作为止痛剂来减轻苦痛，也能够得到乐趣。我们可以适当地使自己处于超然的地位，来观赏自身痛苦的情景。

在沉重的打击面前，需要有处事不惊的乐观心态，这样就能战胜沮丧，化坎坷崎岖为康庄大道。你可能一时丢掉了原本属于你的东西，或是错过了一次机会，但是，在精神上绝不能失望。冷静而达观，愉快而坦然，是成功的催化剂，是另辟蹊径、迎接胜利的法宝。

这个世界上有多少诱惑，就有多少欲望。一个人需要以清醒的心智和从容的步履走过岁月，他的精神中必定不能缺少淡泊。淡泊是一种境界，更是人生的一种追求。虽然，我们每个人都渴望成功，但我们更需要的是一种平平淡淡的生活，一份实实在在的成功。

得意也罢，失意也罢，要坦然面对生活的苦与乐。假如生活给我们的只是一次又一次的挫折，也没什么的，因为那只是命运剥夺了我们活得高贵的权利，但并没有夺走我们活得快乐和自由的权利。

因为生活里是没有旁观者的，每个人都有一个属于自己的位置，每个人也都能找到一种属于自己的精彩。坦然，会让我们的生活美丽而快乐！

不因得到和失去而或喜或悲

不要为失去的追悔伤心，也许失去意味着更好的得到，只要你选择的是纯洁而又美好的理想；不要为得到的而沾沾自喜，也许得到代表着你失去了更多，如果你选择的是虚荣而又自私的目标。

世间事，凡有一得必有一失，凡有一失必有一得。当你终于成功了，失去的是青春；你终于事业有成了，失去的是健康；一些所谓的成功人士有许多女伴的时候，失去的也许是忠贞不渝的爱情和夫妻间的相濡以沫；儿孙满堂时，失去的却是一生。

我们出来做事，如果一点都放不开，什么也舍不得的话，很可能就什么也得不到；你捡起一块石头之后总也放不下的话，双手就不能用来干别的事了。而一个人的精力总是有限的，如果什么都想得到，分心太散，则很可能什么也得不到，什么事也做不成。有的人总幻想做遍世上的一切工作，那太不现实了。人还是一辈子只做几件事好，但是要把那几件做得像个样子。

希尔·西尔弗斯坦在《失去的部件》中记述了这样一件故事：

一个圆环失去了一个部件，它旋转着去寻找这部件。因为缺少了部件，它的滚动非常缓慢，这使得它有机会欣赏沿途的鲜花，可以与阳光对话，和地上的小虫聊天，同蝴蝶吟唱……而这是它在完整无缺、快速滚动时无法注意、没能享受到的。但当它找到那部件后，因为滚得太快，它不能从容欣赏花，也没有机会聊天，因而失去了所有的朋友，一切都变得稍纵即逝……

在梦中的天姥山的石阶上，脚着谢公履，看海落日，闻鸡晨鸣，醒来便仰天长啸出门去，不肯摧眉折腰事权贵，李白选择了骑鹿游名山，失去了权势，却得到了开心颜。

在南山蜿蜒的小路上，东篱下，一个采菊的身影，挥罢衣袖，吟道："少无适俗韵，性本爱深山。"在误落尘网三十年后，陶渊明选择了守拙归田园，失去了五斗米，却挺直了他的脊梁。

在惶恐滩头，在零丁洋里，文天祥一身浩然正气，不被利禄所惑，不为强暴所服，失去了生命，却得到了千古赞颂。

不是一切失去都只意味着缺憾。

在国家生死存亡的关头，为了个人的恩怨，为了一己之私，秦桧谗言献媚，一旨"莫须有"，断送了岳飞父子的性命。也断送了祖国大好河山。是的，他得到了满足，却留下了千古骂名。

在列强任意践踏我中华民族的危难中，为了荣登大宝，圆皇帝梦，袁世凯泯灭良知，断然签下了旨在灭亡中国的"二十一条"。是的，他得到了帝国主义的支持，最终却在绝望中死去。

在国家蓬勃发展的时候，在人民需要体恤的时候，为了金钱，为了虚荣，赖昌星忘记了信仰，背叛了人民，伸出了贪污之手。是的，他得到了一时的荣华，却最终难逃法网。

不是一切得到都意味着圆满。

在人生道路上，在花花世界里，你是否看清：不是一切失去都意味着缺憾，不是一切得到都意味着圆满。

天台国清寺的两个诗僧，在幽静的林子里，在月光下对话。一问：世人谤我、欺我、辱我、恶我，如何？一答：你只需由他、任他、忍他，你且看他。

是啊，无论失去或得到，只需用一颗平静的心去面对，缺也会是圆。

得与舍的关系是很微妙的，一个人一生中可能只能得到有限的几样东西，甚至几点东西。而这些东西可能要用一生的时间来换取，所以在这个意义上人生是个悲剧。这个世界上有那么多东西，又有那么多美好的东西，可是那一切好像与你无关，它对于你只是作为一种诱惑出现，你只能眼睁睁看着别人将它拿走。如果一点都放不开，什么都舍不得，什么都想得到，就会活得很累。可是你本来就一无所有，甚至这世界上本来就无你，从这点看，你已经获得了几样东西，最起码获得了生命，和来世界走一遭的体验。上帝对你还是不错的，起码在这个美好纷繁的世界上旅游了这些许年，所以你看，你是不是又得到了许多？

参透了得与失，就不会得意忘形，也不会悲观失望，就有一颗平常心，一颗从容心，就可以事事想得开了。

记住该记住的，忘记该忘记的

最有力量的是宽恕，是慈悲；最有力量的是“当下”，不是过去，也不是将来。把握当下就可以改变自己，可以淡忘不快，可以消解烦恼，可以使我们的生活充满祥和与友爱。

每个人都有一个不变的话题，那就是自己在小的时候所受的苦楚，在读书时的穷困，因家境不好而受到的冷遇，还有婚姻的挫折，以及亲戚、朋友如何如何对不起自己……为此一直耿耿于怀，因而抑郁寡欢。其实，这都是数十年前的陈年旧账了，我们却为此所困，始终不开心，常年处于负面、阴暗的心态中，严重损害了身心健康。这样活着真是痛苦啊！

岂不知，有的事情须刻骨铭心，永世不忘；有的事情则要尽快淡忘，所谓事来则应，事去则净。哪些事该被淡忘？应淡忘人生中的挫折与不幸；应淡忘名利的得失；应淡忘岁月的伤痕；应淡忘别人对自己的伤害；应淡忘陈腐、过时的观念；应淡忘流言蜚语；应淡忘冷遇和种种烦恼。这样我们才能摆脱往事的阴影，保持随缘常乐的状态。否则，如果纠缠于昔日的痛苦中，时间长了，定会损坏身心健康，导致疾病。加州大学一篇保健资料提出：半数以上的早老性痴呆和80%左右的恶性肿瘤都与生活中的负性事件及不良信息有关。因此，我们有必要学会淡忘那些负性事件及不良信息，学会保护自己的心理健康。

因此，《大般若经》告诉我们："虽行布施，而不希求施所得果……虽有所作而无执着。"近代高僧印光法师也劝告我们："在凡夫地，谁无烦恼？须于平时预先提防，自然遇境逢缘，不至卒发。纵发，亦能顿起觉照，令其消灭。……至于横逆一端，须生怜悯心，怜彼无知，不与计较。又作自己前生曾恼害过彼，今因此故，遂还一宿债，生欢喜心，则无横逆报复之烦恼。……金不练不纯，刀不磨不利。不于烦恼中经历过，一遇烦恼之境，便令心神失所。能识得彼无什势力，其发生劳扰心神者，皆吾自取。经云：若知我空，谁受谤者？今例之云：若知我空，烦恼何生？古云：万境本闲，唯心自闹；心若不生，境自如如。"如此，则能少生烦恼，淡化烦恼，心境平和愉悦，久而久之，则能不为烦恼所动，犹如中流砥柱，宠辱不惊，处之泰然。有了这份修养和快乐，就是人生的成功。谁不愿拥有一个不为烦恼所动的快乐人生呢？

所以，人生短暂，何必对过去的痛苦耿耿于怀呢？何必要自己伤害自己呢？对我们最有害的是怀恨、不满和烦恼，如果把怀恨、不满和烦恼融化，甚至可以使癌症痊愈。我们一定要将过去网开一面，宽恕所有的人；而宽恕别人，就是爱护自己，是真正、彻底地爱护自己。要知道，这一切其实就在当下的一转念之间：你不妨想想，以下两句，哪一句是你常说的？

"所有的人对我都不怀好意。"

"所有的人对我都有很大帮助。"

那么，什么事情须刻骨铭心，永世不忘呢？是别人对自己的恩德！所谓：人对我有恩不可忘，我对人有恩不可不忘。"虽行布施，而不希求施所得果……虽有所作而无执着。”为何要牢记别人对自己的恩德?因为要随缘报恩。猫、狗之类尚且知道报恩，何况人类？不知报恩如何做人？故佛家提倡上报四重恩：祖国恩；父母恩；师长恩；众生恩。

那么，为何又要淡忘自己对别人的恩德呢？因为念念不忘所施之恩，就意味着时刻期待别人的回报，其心态近似于放高利贷者。一旦对方不报答，或报答得不够，势必恨从心起，大骂其“白眼儿狼”、没良心。于是，烦恼丛生，反目为仇，善缘竟成恶缘。这可真是划不来！所以应虽行布施而不求回报，作而不执。这就是智慧。有了这种智慧，就能度过烦恼的激流，到达无忧、安乐的彼岸。

对错怪或伤害过自己的人，我们的心灵不要被仇恨、烦恼所蒙蔽，怒火中烧、烦恼怨恨，对自己比对他人所造成的伤害，将有过之而无不及。因此，即使在不如意的环境中，也要努力营造一个充满欢乐与友爱的生活。那么，回想我们所恨的人的一些优点，念及他曾做过的一些好事，而对他拙劣的一面视而不见，如此怒气可能就会缓和下来，烦恼会烟消云散，心中自会充满慈悲。而一个拥有慈悲心的人又焉能吃不香、睡不着、想不开呢?

瘦竹长松滴翠香，流风疏月度炎凉。

不知谁住原西寺，每日钟声送夕阳。

淡忘不快，作而不执，这是智慧、洒脱，也是审美！

得失不必挂心上，乐观豁达就逍遥

生活中不顺心事十有八九，要做到时时顺心，就要做到乐观豁达，不愉快的事让它过去，得失不放在心上。我们应该试着调整自己的心态。

每个人本来都具有充沛的精神活力，但因为某些心理压力，如紧张、失败、挫折等等，渐渐形成情绪问题。有时反应暴躁，有时反应冷淡，导致心灰意懒，半途而废。为了避免半途而废，培养积极的生活态度，一定要学习忘怀之道。忘怀之道，可以使我们真正放下心中的烦恼和不平衡的情绪。让我们在失意之余，有机会喘一口气，恢复体力。

脑子的作用，不只是帮助我们记忆，更是帮助我们忘怀。应时时刻刻排解多愁善感的情绪，把恼人的往事放在一边，不要让自己被种种纷扰所困，而要让愉快的心情时时陪伴自己。只有这样，我们才有好的精神和体力去生活，去工作。

乐人之乐，人亦乐其乐；忧人之忧，人亦忧其忧。——白居易

乐于忘怀是一种心理平衡。有一句话说的是：生气是拿别人的错误惩罚自己。老是念念不忘别人的坏处，实际上深受其害的是自己的心灵，搞得自己狼狈不堪，不值得。乐于忘怀是成功人士的一大特征，既

往不咎的人，才可甩掉沉重的包袱，大踏步地前进。

要把惨痛的往事忘怀，是一件不容易办到的事情。比如某人算计你，使你无法加薪，失去升职的机会，此刻，你见之恨不得剥其皮，抽其筋，戮其肉，剐其骨，叫你如何忘怀呢？托尔斯泰说："我们能够爱恨我们的人，但无法爱我们恨的人。"爱是生命的动力，恨也可以成为生命的动力。向所恨之人报复，而不是忘怀，也可以激人奋发图强。文王姬昌、越王勾践就是因恨而建立国家的成功典型。

我们生活在现在，面向着未来，过去的一切，都被时间之水冲得一去不复返。我们没有必要念念不忘那些不愉快，那些人间的仇怨。念念不忘，只能被它腐蚀，而变得心中充满了怨恨。甚至导致精神崩溃，而陷自己于疯狂。

做人，不但要忘怀不愉快的往事，也要放下沾沾自喜自鸣得意的情绪，那些情绪，往往陷你于虚妄之中。从心理学角度看，无论你惦记的是快乐的往事或悲愁憎恨，长期生活在过去的记忆里，就要与现实生活脱节。它会严重威胁心理健康和心智的发展。

忘怀，它是忙碌的树荫。它让我们在燥热疲倦时，有机会休息，使活力恢复过来。然而，怎样才能忘怀呢？只有一个方法：放下。

康德是一位懂得忘怀之道的人，当有一天发现她最信赖又依靠的仆人兰佩，一直有计划地偷盗他的财物时，便把她辞退了。但康德又十分怀念她。于是，他在日记上写下悲伤的一行："记住要忘掉兰佩"。真正说来，一个人并不那么容易忘掉伤心的往事。不过，当它浮现出来时，我们必须懂得不陷入悲不自胜的情绪，必须提防自己再度陷入愤恨、恐惧和无助的哀愁里。这时，最好的方法就是扭转念头去专心工作，计划未来，或者去运动、旅行。

学习忘怀之道，让许多愤恨的往事放下，日子久了，激动情绪也就越来越少，心灵和精神的活力得以再生，恢复了原有的喜悦和自在。

有时候，我们的悲伤和内疚是因为自己做错事而引起的，这时可以用补偿的方法，来帮助忘怀。例如用诚恳的道歉，或者用其他方法补救，使自己身心保持平和。

一个人如果学会了忘怀之道，不愉快的心情自然消失，代之而起的是朝气蓬勃的新生，成功将向你再度发出耀眼的光辉。

保持最佳心境的妙方

心境的不同，对生活的方方面面都会带来影响。如果心境愉快，就好比戴上了玫瑰色的眼镜，看什么都是喜气洋洋的，使人振奋乐观，朝气蓬勃；可如果心境不佳，眼镜就换成了灰色，觉得一切都惹人生厌，使人颓丧悲观，灰心丧气。因此，保持最佳心境至关重要。

心境是一种比较微弱、持久、具有渲染性的情绪。人随时处在某种心境之中，只是不一定为我们所意识到罢了。

引起心境的原因是多方面的。个人生活中的重大事件，事业的成败，工作、学习的顺利与否，与周围人们相处的关系怎样，以及健康状况等都可能引起某种心境。当然，心境总是有起有伏的，而要始终保持良好的心境其实是不容易的。但你可以通过别的办法尽量保持最佳心境：

（1）要学会“自思”。“自思”的方式有三：

①开卷自珍，即学习一些与个人职业、交往、生活等方面有关的报刊资料、影视录像等等。夜静之际，“开卷——明目——陶冶”，无异于“自我提纯”。它不仅有助于心境一步步提高，也会丰富知识，洞开

视野。

②面壁，实际上是思维的“新陈代谢”。它比日记形式有更大的空间，可以想象得更多、更远、更广阔。如果将这种方式与日记方式结合并用，亦思亦记，有想有录，“净化”效果会更佳。

③以日记形式回忆一天的生活，这是“思维自我净化”的一个冶炼过程。用这种方法自我“冶炼”，久而久之，便会塑造出一种善于“克己”的高尚道德。而这种“道德”，也正是稳定心态的支柱。

（2）要善于抑制个人情绪。每个人的情绪不会是一成不变的，其有时好，有时坏，有时波动如浪，有时平静如镜。因此，必须学会控制情绪，特别是能在最短的时间内，将不良情绪消灭在萌芽状态，使之不再扩展、蔓延，以至酿成灾祸。要做到这一点，首先要注意用“理智调剂”。心理学认为，人们发脾气，吵嘴打架，往往是感情冲破理智的大门造成的。因此，凡事应该三思而后行，否则容易造成对方不理解，出漏子，形成突发性矛盾，导致仓促之间失去理智的平衡。万一遇到“顶牛”时，首先要善于压“火”，要显示出自己的大方，有气节，不失高尚的人格。其次，要善于“退却”。以“退”，为“进”的“退却”，是消除“战火”的积极心理因素。

（3）把自己放到一个高雅文明的天地中去。交友结谊，要注意礼貌；参加社交，要注意文明；一言一行，要注意高雅。高雅的氛围，才会产生高雅的心境。如果你在高雅明洁的环境中培育了友谊，联络了感情，那么你也会逐渐培养出自己的最佳心境。

（4）处理人际关系要有一个“好尺寸”。所谓“好尺寸”，是指善于学习、仿效他人之长。这不但能使你与周围的人们形成和睦的气氛，有利于最佳心态的培养与稳固，也容易把周围的事情处理好。相对言之，对别人的缺点，除了自己应该警惕之外，应尽量把握好“揭短”的尺寸——尤其是对那些缺乏涵养道德，且又心地狭隘、自高自傲的人，“揭短”的最好办法是“不觉处叶绿花红”——在不知不觉中感化掉对方的痼疾。

（5）胸有宏志，胸襟坦白。平常与人交际勿做“两面人”，心绪就会好得多。事实证明，在现代交往中，胸怀开阔，以信求实，以实求信，遇到不愉快的事就很少。而一旦出人意料地碰上“鬼叫门”的事，由于心中没“病”，’情绪平和，也会安然处之。“鬼”明白了，也自会退却。

第六章

在淡定与积极之间切换角色

淡定和积极都是人的一种生活态度，所谓淡定，就是看淡结果，所谓积极，就是注重过程，积极努力。我试过了，我尽力了，至少我不后悔。讲求生命的意义在于体验。

只有把任何事情看得淡了，心才会平静，也只有永葆积极的心态才不会为困难和挫折所左右、所击倒。有哲学家言：人生的精彩不在长度而在宽度。凡事保持一颗平常心，会获得更多的快乐！那种快乐才是发自内心的！

幸福感有时候全在于人的所感所想，淡定积极最为重要，少攀比，多进取，看淡名利，积极选择，把眼前的每件事情都尽力做好。理想的生活模式就是起居有度，晨练午休，饭后散步；粗茶淡饭，定时定量；适时娱乐，保证睡眠。这就是最简单的幸福，也是最难求的幸福！

希望把握未来，那就必须控制现在

只有那些懂得如何利用“每一天”的人，才会在每一天都创造成功事业的奠基石，孕育明天的希望。人要学会的不是去设想还有明天，而是要将今天抓在手掌里，将现在作为行动的起点。只有控制住了现在，让自己充满了满足感，不至于让自己每天忙东忙西，毫无头绪，才能让自己获得充实。

公元79年8月的一天，古罗马帝国最繁荣的城市之一庞贝城因维苏威火山爆发而在18小时之后消失。两千年后，人们在重新发掘这座古城的时候，在一只银制饮杯上发现刻着这样一句话：“尽情享受生活吧，明天是捉摸不定的。”

一个人活着，昨天已经成为历史，成为过去，只有通过回忆来感悟；明天尚是未来，只能通过憧憬来表达希望；而今天则是我们实实在在正在接受阳光沐浴和星辰照耀的时刻，是最容易被我们把握的时刻，是我们真真切切拥有的时刻，是决定我们事业成败关键的时刻，是我们创造幸福生活的时刻，是我们不断耕耘不断收获的时刻，是人生最有意义的时刻。因此，一个人，只有活在今天，才是找到了实实在在的真我，才能体验人生的意义，实现人生的价值。

任何一个人，在眼前的一瞬间，都站在两个永恒的交会点上——永远逝去的过去和无穷无尽的未来的交点上。我们不可能生活在两个永恒之中，即使是一秒钟也不可以，那样会毁掉我们的身心。既然如此，就让我们为生活在这一刻而感到满足吧。

昨天不过是一场梦，明天只是一个幻影，今天才是生命的源泉，才是最值得我们珍视的唯一时间。生活在今天，能让昨天变成快乐的梦，明天变成有希望的幻影。让我们把过去和未来隔断，生活在完全独立的今天吧！

威廉·奥兹勒爵士是他那个时代最著名的医学家，他创建了全球知名的霍普金斯医学院，被牛津大学医学院聘为客座教授，他获得了英国医学界所能得到的最高荣誉——被英王封为爵士。他死后，他的经历被写成了厚厚的两本书。对于这样一位成功人士，似乎应该拥有“特殊的头脑”，其实不然，他在读书的时候，也像所有的人一样，整天发愁：怎样才能通过期末考试？毕业后该做些什么事情？怎样才能谋生……然而，幸运的是他在一本书读到了一句话，这句话让他无忧无虑地度过了一生，那就是：每天最重要的事情不是去想模糊的明天，而是去做手边清楚的事情。

生命是不可能倒转的。早在两千多年前的孔子，面对大河，说了一句：“逝者如斯夫，不舍昼夜！”，发出了生命一去不可返的无奈感叹。我们为什么不趁自己活在今天的时候，好好享受今天，好好奖励一番自己呢？

一个人如果不能很好地把握现在，就不可能创造光辉灿烂的未来，所以，对任何人来说，现在才是最重要的，没有了现在就没有过去和未来。把握现在就等于把握了未来，在没有经历太多的人世沧桑，没有遭遇太多的坎坷时，很多人会感觉自己只是芸芸众生中一个普通的存在。

我们会羡慕他人的出色与成功，追求更好的生活，放弃原有安稳幸福。当曾经的理想希望，曾经的豪情壮志，都似那河流中礁石的棱角，经历岁月的冲刷变得不再锋利而愈加平滑时，当自己不再有能力追求时，或许连原有的安逸都失去了。

所有值得怀念的或是不值得怀念的日子，就这么像流水一样一天天地过去。尽管不似平平淡淡一杯白开水，却也未曾有过轰轰烈烈。然而，总有一些不被料到的安排一次次地改变了我们，朋友的不信任，考试的不理想，父母的迁怒，工作没成果，都在一点一点地浪费掉，好多的“现在”从我们指尖悄悄滑落，成为无可奈何的“过去”。我们之所以还这么平凡甚至平庸，我们之所以还这么郁闷甚至困苦，是因为我们没有很好的把握“现在”。

先哲无意间在古罗马城的废墟发现了一尊“双面神”神像。于是问：“请问尊神，你为什么一个头，两副面孔呢？”

双面神回答：“因为这样才能一面察看过去，以记取教训；一面瞻望未来，以给人憧憬。”

“可是，你为何不注视最有意义的现在？”先哲问。

“现在？”双面神茫然。

先哲说：“过去是现在的逝去，未来是现在的延续，你既然无视现在，即使对过去了若指掌，对未来洞察先机，又有什么意义呢？”

双面神听了，突然号啕大哭起来。原来他就是没有把握住“现在”，罗马城才被敌人攻陷，他因此被视为敝屣，遭人丢弃在废墟中。

“现在”是最重要的，“现在”是存在的本质。我们只能拥有转瞬即逝的现在。有人总是回忆过去或把希望寄托在未来，而不重视现在最应该做什么。一切都从现在做起，把握住现在才是人生成功的关键。

把握现在，是很多成功者用双脚开辟出来的真理，是许多失败者用心血凝聚的教训。把握现在，就是不必为无可挽回的过去而懊丧，也不必为了遥不可及的未来而想入非非。过去无论自己怎么辉煌怎么灿烂，也已像流星一样滑进无边的黑暗之中。未来是不可预测的，并且是以今天为起点的，所以我们能够切切实实地把握的只有现在，把握现在就等于踏上了成功的征程，也等于为未来奠定了基础。

其实无论做什么事情，只要从现在开始就无所谓太早或太迟，从一个行动开始，只要坚持下去必定会有收获。就像播下什么样的种子就会收获什么样的果实一样。只要我们从现在开始播下一个行动，把过去的收获和未来的憧憬连接起来，就会得到一生的充实！

做个对自己负责的人

要时刻记着对自己负责，未来是自己的，命运掌握在自己手中，别人能帮助你是你的幸运，不能帮助你是你的命运，要到达成功的彼岸，就要在心底时刻铭记自己的责任，对自己负责。

人活在世上，不免要承担各种责任，小至对家庭、亲戚、朋友，对自己的职务，大至对国家和社会。这些责任多半是逃避不了的。不过，我们不要忘记，除此之外，我们还有一项根本的责任，便是对自己的人生负责。

每个人在世上都只有活一次的机会，没有任何人能够代替他重新活一次。如果这唯一的一次人生虚度了，也没有任何人能够真正安慰他。认识到这一点，我们对自己的人生怎么能不产生强烈的责任心呢？在某种意义上，人世间各种其他的责任都是可以分担或转让的，唯有对自己的人生的责任，每个人都只能完全由自己来承担，一丝一毫依靠不了别人。

而且对自己的人生的责任心是其余一切责任心的根源。一个人唯有对自己人生负责，建立了真正属于自己的人生目标和生活信念，他才可能由之出发，自觉地选择和承担起对他人和社会的责任。对自己负责，勇于承担责任，才能对社会负责。有些人总是信誓旦旦地说对社会做贡献，对社会负责任，扮好自己在社会中的角色。其实不必等到功成名就，也不必等到大事发生的时候，只要从身边的小事做起，勇于承担由于无知和幼稚造成的错误，这也算是为社会做了贡献。只要每个人都能先从自身找出错误的原因，矛盾的缘由，然后不断地提升自己，那么这个世界也会变得更美好。小小的思想，却能大大地改变着世界，无形之中也为社会交了一份满意的答卷。

再者，对自己负责，才能对他人负责。人与人之间的信任，来源于一个人对自己、对他人的责任感。到过医院的人，都能看到医生严格自律、认真负责的工作态度。只有他们对自己负责，病人才会安安心心地接受治疗。所以，有了对自己负责的意识和观念，才能很好地为他人，为整个社会服务。

在今天这个时代里，虽然到处都呈现出了一片日新月异的景象，为人们提供了很多发展自己人生和事业的机遇。但是受社会影响，许多人的身上也滋生出了一种自由散漫、不受约束、不负责任的毛病。他们认为，在这个时代里，谋求自我实现、自我发展、自己创业当老板是件天经地义的事，而忘了只有责任感才能够让个人的价值得到实现，也只有具备尽职尽责精神的人，才会受到别人的重视。

那些不能理解这一点的人，十分不幸地陷入了对自己危害极大的误区。他们不受约束，不严格要求自己，也不认真负责地履行自己的职责，面对一切岗位制度和公司纪律，都在内心深处嗤之以鼻，对一切组织和机构中的岗位制度都持抵触情绪和怀疑态度。在工作和生活之中，以玩世不恭的姿态对待自己的工作和职责，对自己所在机构或公司的工作报以嘲讽的态度，稍有不顺就频繁跳槽。他们在团体中，如果没有外在监督，根本就无法工作。他们对自己的工作推诿塞责，故步自封，任何工作到了他们的手里都不能认真对待，以至年华空耗，事业无成。如此责任心缺失的人，又何谈什么谋求自我发展、提升自己的人生境界、改变自己的人生境遇、实现自己的人生梦想呢？

一个不知对自己的人生负有什么责任的人，甚至无法弄清他在世界上的责任是什么。有一位小姐向托尔斯泰请教，为了尽到对人类的责任，她应该做些什么，托尔斯泰听了非常反感。因此想道：人们为之受苦的巨大灾难就在于没有自己的信念，却偏要做出按照某种信念生活的样子。

当然，这样的信念只能是空洞的。更常见的情况是，许多人对责任的关系确实是完全被动的，他们之所以把一些做法视为自己的责任，不是出于自觉的选择，而是由于习惯、时尚、舆论等原因。譬如说，有的人把偶然却又长期从事的某一职业当作了自己的责任，从不尝试去拥有真正适合自己本性的事业。有的人看见别人发财和挥霍，便觉得自己也有责任拼命挣钱花钱。有的人十分看重别人尤其上司对自己的评价，谨小慎微地为这种评价而活着。由于他们不曾认真地想过自己的人生究竟是什么，在责任问题上也就是盲目的了。

所以，人活在世上，必须知道自己究竟想要什么。一个人认清了他在这世界上要做的事情，并且在认真地做着这些事情，他就会获得一种内在的平静和充实。他知道自己的责任所在，因而关于责任的种种虚假观念都不能使他动摇了。

如果一个人能对自己的人生负责，那么，在包括婚姻和家庭在内的一切社会关系上，他对自己的行为都会有一种负责的态度。如果一个社会是由这样对自己的人生负责的成员组成的，这个社会就必定是高质量的、有效率的社会。

当父母赐予我们生命的时候，也就同时赐予了我们责任。我们在家庭里要尽一个家庭角色的责任，在社会中要尽一个社会角色的责任。请你不要推卸这个责任，因为，这是一种人生价值的体现。而且你能背负的责任越大，就越证明你是一个有用的人。那些推卸责任的人，同时也推卸了自己的价值，承认了自己的无能。

责任感使我们的人生之路变得顺畅。它帮助我们去理解、去学习和服从，它使我们具有克服困难和抵抗诱惑的力量，以及完成目标的追求，使我们变得诚实、友爱、真诚。一切经验都在教导我们要塑造自我。我们拒绝干坏事，争取做好事。逐渐的，就成了我们每天努力去争取的一切。而日复一日的努力使得这一奋斗变得更容易了。我们播种了，就会得到收获。

培塞斯说："我认为只有丰富的想象力和创造力，才能使尘世的生活变得有趣，没有它，生活便成了一架空骨骼。但是，一个人的天赋越高，他所承担的责任也越重。"他曾对一位年轻人说："怀着希望和信心朝前走吧，这是一位饱尝生活艰辛的老人给你的忠告。不管发生什么事，我们永远要站得正，行得直，我们必须愉快地投入到多姿多彩、不断变化的生活中去……对人生的这种领悟是达到更高生活目标的途径，而决不会阻止我们愉快地使用它。我们必须这么做，否则我们就没有足够的精力投入到行动中去。"

退一步而言，即使我们不为其他人和物负责，也应该为自己负责。当然，一个人一旦懂得了对自己负责的真正含义也就不会再对其他的一切视而不见了。对自己负责是对他人、对社会负责的前提，我们须把自己的一切处理好，才可能处理好其他的事情。

每个人都有自己的责任

责任是一种精神，如果让它成为一种动力，便能让人战胜胆怯。一个人的责任感可以让别人也懂得什么是责任。一个人承担起责任，并时时保持一种高度的责任感，会让其他的人受到感染，并树立起自己的责任感。

人可以不伟大，也可以清贫，但不可以没有责任。任何时候，都不能放弃肩上的责任，扛着它，就是扛着自己生命的信念。

责任让人坚强，责任让人勇敢，责任也让人知道关怀和理解。因为当我们对别人负有责任的同时，别人也在为我们承担责任。清醒地意识到自己的责任，并勇敢地扛起它，无论对于自己还是对于社会都将是问心无愧的。无论你所做的是什么样的工作，只要你能认真地、勇敢地担负起责任，你所做的就是有价值的，你就会获得尊重和敬意。有的责任担当起来很难，有的却很容易，无论难还是易，不在于工作的类别，而在于做事的人。只要你想、你愿意，你就会做得很好。

当一个人想要实现自己内心的梦想，下定决心改变自己的生活境况和人生境遇时，首先要改变的是自己的思想和认识。要学会从责任的角度入手，对自己所从事的事业保持一个清醒的认识，努力培养自己勇于负责的精神，因为这才是成功的最佳方法。

俗话说：“千里之行，始于足下。”任何伟大的工程都始于一砖一瓦的堆积，任何耀眼的成功也都是从一跬一步中开始的。聚沙成塔，集腋成裘，成功之前所做的一切琐碎工作，都很容易让人厌倦。但是，这一砖一瓦、一跬一步的累积，都需要我们以勇于负责的精神去一点一滴地完成它。

事业无成，又何谈什么谋求自我发展，提升自己的人生境界，改变自己的人生境遇，实现自己的人生梦想呢?

一个人即使生下来就是老板，十分幸运地拥有自己的事业，也要对自己的事业认真负责，才会有前途。更何况，大多数人都是从职场生涯中开始，奠定自己的事业基础的。只要你还是公司的一员，就应该抛弃借口，丢掉脑中消极懒散的思想，全身心投入到自己的工作之中，以勇于负责的精神去面对自己的工作，时时处处为公司着想。对投资人承担风险的勇气报以钦佩，为公司的长远发展和老板所承受的压力考虑一下，那么，你将会改变自己的工作和生活作风，主动清除自己头脑中有毒的思想，成长为一个真正具备勇于负责精神的员工。这样，才会被老板或公司视为支柱，继之而来的是全面的信任，并获得重要的职位，面对更广阔的工作舞台。这时候，自己的事业也就指日可待、胜券在握了。

生活总是会给每个人回报的，无论是荣誉还是财富，条件是你必须转变自己的思想和认识，努力培养自己勇于负责的工作精神。一个人只有具备了勇于负责的精神之后，才会产生改变一切的力量。

人生中许多人之所以一生一事无成，皆因为在自己的思想和认识中，缺乏对勇于负责这种精神的理解和掌握。他们常常以自由享乐、消极散漫、不负责任、不受约束的态度对待自己的工作和生活。结果，沦落为生活中的失败者。

改变态度，努力培养自己勇于负责的精神，那么，你将会产生出无穷的力量，为自己的梦想和事业努力奋斗。

在这个世界上，每一个人都扮演着不同的角色，每一种角色又都承担着不同的责任，从某种程度上说，对角色饰演的最大成功就是对责任的完成。正是责任，让我们在困难时能够坚持，让我们在成功时保持冷静，让我们在绝望时懂得不放弃，因为我们的努力和坚持不仅仅是为了自己，还为了别人。

格兰特开始时为了维持生计只是撰述他在南北战争时的经验，后来他喉部患了癌症，医生说他只有几个月的寿命，为了还债养家，他决定写回忆录。他以10个月的时间，写了295万字，这种工作量，即使是精力充沛的年轻人，也不一定办得到。最后那段时间，他怕自己窒息而死，甚至不敢到床上去睡觉，昼夜都坐在椅子上，当精神好一点时，他就在灯下奋笔疾书。这部回忆录，在他去世的前几天才完成，所得的版税，不但还清了债务，而且还为他的家人留下了足够的生活费。

社会学家戴维斯说："放弃了自己对社会的责任，就意味着放弃了自身在这个社会中更好生存的机会。"放弃承担责任，或者蔑视自身的责任，这就等于在可以自由通行的路上自设路障，摔跤绊倒的也只能是自己。实际上，当一个人怀着宗教一般的虔诚去对待生活和工作时，他是能够感受到责任所带来的力量的。

在所有责任中，许多都是私下履行的。因为公众生活是为人所知的，但是私生活却没有人能看得见——如精神和灵魂方面的内心生活。它们可能是有价的，也可能是无价的。没有人能毁灭精神，它只能自我泯灭。但是，只要有心让自己和他人过得更好一点、更美一点、更高尚一点，就能使自己做到最好。

俗话说："千里之行，始于足下。"任何高楼大厦都是从一砖一瓦的堆积开始的，任何的成功也都是从一跬一步中开始的。聚沙成塔，集腋成裘，成功之前所做的一切琐碎工作，虽然很容易让人厌倦。但是，这一砖一瓦、一跬一步的累积，都需要我们以勇于负责的精神去一点一滴地完成它，不然，最终努力的结果只能让自己气馁。

有付出总会有回报，无论是荣誉还是财富，前提是你必须转变自己的思想和认识，努力培养自己敢于负责的工作精神。

许多人之所以一生一事无成，皆因为在自己的思想和认识中，缺乏对负责精神的理解和掌握。结果，开什么花，结什么果，最后沦落为生活的失败者。

不同的角色承担着不同的责任，从某种程度上说，承担自己的责任就是扮演好自己的角色。因为责任，让我们在困难中能够坚持前进，让我们在成功时不忘形，让我们在绝望时不放弃。

得意时，淡然坦荡；失意时，泰之若素

人要有一点不为宠辱所动，不被得失所拘的大气。一时的得失荣辱虽不能都轻轻松松地全看作过眼烟云，但比较而言，一时的荣辱得失无论如何比不上该做必做的事重要，人总是要往前走的，只有做好当下该做必做的事情才是往前走。

老子曾经说过："鱼不可脱于渊，国之利器不可以示人。"这是老子对众人的一个"得意时不要忘形"的忠告，说的是让人们在得势之后一定要居安思危，存在一定的隐患之心，才能让自己的"得意"更长久。

炎炎夏日，蚊虫肆虐，人们对此深恶痛绝。它们虽不易灭绝，但却容易捕杀，原因很简单，它们时常得意忘形，把自己推上死路。

如果仔细观察就会发现，有些蚊子在吸食人畜的血液时，在没有受到惊扰的情况下，它会一个劲地吸起来没完，直到飞不动或勉强飞往一处自认为安全的地方休息，安于享受成功。此时它们吃饱喝足的身体已变得迟钝，完全忽视了危险的存在，而这正是它们接近死亡的时刻，若现在想杀死它，已无须奋力拍打，只需轻轻一按，它们便一命呜呼。

蚊子的死是罪有应得，但它给我们的启示却是深刻的：一个人经历

千辛万苦换来成功的甘果时，是手捧观之得意扬扬，还是保持冷静视之为过去，重新设定新的目标，并加倍努力实现之。选择前者，就选择了和蚊子一样的命运；选择后者，成功的甘甜将会始终伴随左右。

“得意时不忘形”，在现实中更多地表现为懂得居安思危。其实，居安思危的道理人人晓得，但真正做起来，就没有几个人能贯彻始终了。人在安逸的环境中，总以为苦难远在天边；人在得意时，总认为快乐可以长久。其实，一时的得意并不能说明自己以后便高枕无忧，否则那就大错特错了。

有能力的人能干大事，同样，有能力的人也最容易骄傲。骄傲可以使人过高地估量自己，进而在力不从心的事情上失败。成功永远是相对的，在成功之时，危机并不是被永远消灭了，而是潜藏起来了。看不到这些隐患，高枕无忧地大肆行乐，隐患便会悄悄增长，直到有一天浮出水面。促使成功的奋斗精神和积极力量一旦消退，导致失败的各种要素就要强劲反弹，把成功化为乌有了。

同样，在面对失败，也能坦然处之，泰之若素，才能在最短的时间内改正自己，调整自己，寻找到正确的道路。

失败作为一种事态的结局，对人的影响是非常大的。而那些伟大的科学家，在经历了无数次失败以后，依然不放弃对科学真理的追求，想必对失败有了更深层次的认识。心理学家在谈及科学家的失败时说：“对于他们来说，失败就是成功的先期经历，这是每一项科学研究必须经历的。”

失败并不可怕，可怕的是找不到失败的原因和避免失败的方法。成功人士的共同特点就是：能够从失败中得到正确的教益。许多有成就的人，开始做什么事都无法成功，经常失败，然而他们毫不气馁，从失败中汲取教训，最后终于成功。

亨利·福特曾经说："失败能提供给你以更聪明的方式获取再次出发的机会。"是的，没有永远的失败，只有暂时的困难。其实，在大千世界里，没有人从未遇到过失败。伟大的牛顿、爱因斯坦、法拉第、诺贝尔、莎士比亚、贝多芬等等，这一连串的名字都曾经与失败相连在一起，何况是我们这些普通人。从某种意义上来说，失败是人生走向成功的一个步骤，我们都必须经历。成功学家拿破仑·希尔曾经说："一个成功的人，最擅长做的事情就是探讨失败。探讨失败的原因，就是找到成功的方法。"

对一个真正有志向的人来说，失败算什么，失败是成功之母；挫折算什么，挫折是课堂。跌倒了，爬起来，掸掉身上的灰尘，擦掉身上的血迹，疗愈心底的创伤，继续向着自己的既定目标矢志不渝地前进，当终于胜利攀上顶峰时一定会发现：头顶上的天是那样的蓝，那样的阔，那样的深邃无边。

"自处超然，处人蔼然，无事澄然，有事断然，得意淡然，失意泰然"，这是古人的君子风度。意思是说，独自一人时，超然物外；与人相处，和蔼可亲；无事时语默沉静，处事时雷厉风行；得意时淡然坦荡，失意时泰之若素。人确实要有一点这种不为宠辱所动，不被得失所拘的大气。

像恭候成功那样恭候失败

失败和成功一样，是我们每个人生命中必然经历的一部分。失败只不过是暂时的挫折，它是通往成功大道的一级石阶；它告诉我们的是某些方法已经行不通了，而某些方法还没有试过——这就是希望！失败是一块人格的实验田，我们不该让沮丧、颓废的野草在其中疯长，正确的做法是播下希望的种子，用坚持的水来浇灌，挥动执着的铁铲将消极埋葬。只有具备了这种心态，才不至于在挫折面前，一蹶不振，不知所措。

一次成功的远洋航行，必定要经受无数次暴风雨的洗礼；一次成功的探险，必定要克服无数的艰难险阻；一次成功的登月，更是要人类无所畏惧，甚至付出生命的代价……成功的路上，失败是不可避免的，放大痛苦只会让你更痛苦，只有正确对待失败，才能成功。

放大遇挫的痛苦，是愚蠢的行为，成功不会因为你的痛苦而向你招手，只会离你更加遥远。如果能正确对待挫折，成功总有一天会向你走来。因为：

失败驱除了自负，被谦恭取而代之，而谦恭可使你得到更和谐的人际关系。

失败使你重新认识你在身心方面的资产和能力。

失败借着使你接受更大挑战的机会，增加你的意志力。在成功与失败互换推动与转化中，你的人生将日益成熟与完美。

在克服失败的旅途中，我们不仅时时受到外界的压迫，而且还时时受到自身的挑战。我们认为自己无法抵挡困难，我们不是被对手击倒的，而是被自己打败了。事实上，我们每个人，即使是最坚毅、最具英雄气概的人，一生中的大部分时间都是在失败的恐惧中度过的。

没有人生来就注定成功。李阳小时候是一个很内向的孩子，不敢见陌生人，有人来家里做客他就躲起来不见，更别提说话了。在他已经十几岁的时候，亲戚朋友都还没有见过他。父亲为了使他克服这种情况，总是逼他做他不愿意做的事。在他上大学的时候，英语特别的差，经常不及格，不学又不行，实在被逼得走投无路的时候，不得不打起精神，每天早上都要学习英语。为此，他干脆跑到校园里的烈士亭上放开喉咙大声背诵英语，没想到这倒激发了他的灵感：这样做不仅能集中精力，还容易记住。

他就这样喊了几个星期，居然喊出了信心。胆子也大了，他就去学校的英语角，说出来还像模像样的。

以后只要有时间，李阳就天天在烈士亭上大声朗诵英语，不管刮风下雨，还是沙尘漫天。为了增加自己的胆量，他还把自己装扮得特别另类，在校园里声嘶力竭地说英语。不管别人怎么看他，依旧我行我素。终于他的英语成功了，他用英语给人们演讲，告诉他们怎样突破自我，怎样提高英语能力。尽管演讲让他紧张得直吐气，但还是获得了意想不到的成功！

就这样，他的疯狂英语席卷全国，他也成功地挑战并战胜了自己。

一个不敢于挑战自我的人，如果经受不住考验，就不可能成功。只有激起挑战生存困境的勇气和决心，才能战胜自我。

瑞典著名化学家诺贝尔，被认为是“科学疯子”。诺贝尔一生致力于炸药的研究，共获得技术发明专利355项。诺贝尔在瑞典的时候，开始制造液体炸药硝化甘油，这样的大危险在这种炸药投产后不久得到了验证。工厂发生爆炸，诺贝尔最小的弟弟埃米尔和另外4人被炸死。由于危险太大，瑞典政府禁止重建这座工厂，被认为是“科学疯子”的诺贝尔，只好在湖面的一支船上进行实验。诺贝尔将火棉与硝化甘油混合，得到胶状物质，称为炸胶，比达纳炸药有着更强的爆炸力，在1887年的时候诺贝尔发明了无烟炸药。

我们愈不把失败当作一回事，失败就愈不能把我们怎么样。只要我们坚持下去，成功的可能性就愈大。失败可以毁灭一个人，也能够成就一个人，对于意志坚定的人来说，失败恰好提供他最需要的意志，就是因为失败的教训，才把他推向成功。

包玉刚一条破船闯大海，当年曾引起不少人的嘲弄。他靠一条破船起家，经过无数次惊涛骇浪，渡过一个又一个难关，抓住有利时机，不断发展壮大自己的事业，终于成为世界上最大的私营船舶所有人，建起了自己的王国。

许多伟人、成功企业家大都有过类似的经历，他们有的甚至认为，有没有这样的经历，是一个人能否有成就以及有多大成就的试金石。能否踏过坎坷，迈向光明，往往就在一念之间。

美国著名电视节目主持人亚特·林克勒特说：“我刚刚步入这个社会时所遭受的打击正是我后来事业成功的基础。”我们愈不把失败当作一回事，失败就愈不能把我们怎么样。只要我们坚持下去，成功的可能性就愈大。

因此，我们要增强自己坚持下去的决心，因为每一次的失败都会增加下一次成功的机会。每个追求成功的人都是沿着“挫折——克服危机——再挫折——再克服危机”的模式前进的，失败的屠宰场不是命运的归宿。

一个人的态度反映了他内心的想法。有积极态度的人始终用最积极的思考、最乐观的精神和最有效的经验支配和控制自己的人生。失败者刚好相反，他们的人生是受过去的种种失败与疑虑所引导和支配的。所以我们要学会以积极的态度去面对生活中的事情。

失败是成功之母。没有了失败，就肯定没有成功。科学家摘取成功的桂冠时，其中就饱含着“失败”的巨大贡献！如果科学家遇到一次失败就退却不前的话，那人类至今可能还处于拖着尾巴、披着树皮的原始状态中。关键的问题是如何闯过失败的难关？从失败中吸取经验和教训，把失败当作成功的阶梯，在这样的勇敢者面前就永远不会有失败；反之，被失败压垮或在失败中消沉，失败将紧随于你，使你的人生一事无成。

对待失败要有良好的心态。此时此地的失败不代表彼时彼地的失败，今天的失败不代表明天的失败。用这种泰然处之的心态对待失败，就会不停止地奋斗和努力，最终获得成功。“塞翁失马，焉知非福。”也许一次失败，会成为重大转折，反而给予你人生巨大的动力，辉煌的成功。

肯定自己的存在

自爱是人的本性，是社会发展的动力。生命存在的本身并不是为了要得到或追求什么，而是为了体现它的价值。生命的价值也并非名誉荣耀，而是肯定自己的存在，所以人们追求的应该是生命的朴实无华、纯粹真实。只有真切地感受到实现生命价值的快慰，才能使生命之水不停地流淌，永远不会干涸。

万物皆有所用，不管你看上去多卑微像棵草，渺小得像滴水，但都有它们自身存在的价值。“落花水面皆文章，好鸟枝头亦朋友。”当年朱熹就曾经这样说过。如果你处在社会的低层——相信这是大多数，请千万不要自卑，要紧的还是打破偏见，唤起自信。问题不在于人家怎么看，可贵的是你的精神面貌如何？

万物的存在总是有其价值所在的，对没个人来说，活着首先就要肯定自己的存在，相信自己，珍惜自己。自爱是社会发展的动力。而生命的价值首先取决于你自己的态度，珍惜独一无二的你自己，珍惜人生的光阴，然后再去不断充实、发掘自己。自我的价值，并不在于外面的评价，而是在于我们给自己正确的评价上。坚持自己崇高的价值，接纳自己、鼓励自己，并给自己成长的空间，那么我们每个人都能成为“无价之宝”。

有一个，生长在孤儿院中的小男孩，常常悲观地问院长：“像我这样没人要的孩子，活着究竟有什么意思？”院长总笑而不答。

有一天，院长交给男孩一块石头，说：“明天早上，你拿这块石头到市场上去卖，但不是‘真卖’。记住，无论别人出多少钱，绝对不能卖。”

第二天，男孩拿着石头蹲在市场的角落，意外地有不少人好奇地对他的石头感兴趣，而且价钱愈出愈高。回到院内，男孩兴奋地向院长报告，院长笑笑，要他明天拿到黄金市场上去卖。在黄金市场上，有人出比昨天高10倍的价钱来买这块石头。最后，院长叫孩子把石头拿到宝石市场上去，结果，石头的身价又涨了10倍。由于这块石头的主人怎么都不肯出手，竟被传扬为“稀世珍宝”。

男孩兴冲冲地捧着石头回到孤儿院，把这一切都告诉给院长，并问为什么会这样？院长并没有笑，望着孩子慢慢说道：

“生命的价值就像这块石头一样，在不同的环境下就会有不同的意义，一块不起眼的石头，由于你的珍惜、惜售而提升了它的价值，被传为稀世珍宝，你不就像这块石头一样？只要自己看中自己，自我珍惜，生命就有意义，有价值。”

生命的意义，不在于别人认为的好，才是好；生命的意义，在于肯定了自己存在的价值！如果我们自己都不能看重自己，肯定自己的存在，又怎么去要求别人来肯定我们呢？的确是这样，我们要得到别人的尊重和肯定，首先我们要自尊、自爱、自信、自强；一个破罐子破摔的人，一个不自信的人，一个总是埋怨生活不公平的人，怎么得到大家的喜欢和肯定呢？

公交战线的标兵李素丽上中学时的期望是当一名播音员，但是在实际工作中却当了一名公共汽车售票员，按照常规的理解，她的希望是破灭了，她完全可以放弃原来的期望，带着失败的感受，做一个普通的售票员。但是她不这样，即使在售票员的岗位上，她仍然用播音员的标准要求自己，字正腔圆地报站名，兢兢业业地为顾客服务，在平凡的岗位上创造了不平凡的业绩。记得在学习李素丽的活动中有这样一次电视采访，一群演员、歌唱家、播音员登上李素丽服务的车组进行观摩，有人问她还想当播音员吗，李素丽自豪地说她本来就是播音员，汽车上的播音员。她的这种自豪感肯定不是在她当上标兵、评上劳模之后才有的，这种自豪必然是她的一贯的心态，正是由于她心中不灭的期望和自豪感，使她数年如一日地坚持严格的高标准服务，并受到众多乘客发自肺腑的感激和赞扬。正是她的这种不灭的期望和自豪感以及由此产生的坚定行动，树立了售票员的新形象。

三百六十行，行行出状元。关键还是在于，怎样按照你的实际，为社会，为人类多做贡献，从而在这个世界上找到自己的一片绿洲，一片天空。

每个人都有自己的存在价值。不要因为自己是一个平凡的人，就觉得自己的存在没有价值。大家可能会认为，成功者他们存在的价值，会比平凡的人存在的价值高。那样的想法是极其错误的。每一个人存在的价值应该是相等的。社会，是需要每一个人来创造的，就好比如一个钟的运行，它是由很多个小齿轮的推动才能运行的，没有了一个一个小齿轮在默默地工作，钟是不可能运行的。所以说每个人的存在都是有他特定的价值的。在社会上如果没有了，像小齿轮那样默默付出的人，就不会有像今天那样繁荣的社会。所以，不要因为自己的平凡，而否定自己的存在。

珍惜自己，因这世界上只有一个自己；珍惜自己，因为每个人都应当从心里看重自己；珍惜自己，只为“天生我才必有用”。如果我们连自己都不珍惜自己，谁又会来怜惜我们？如果我们连自己都不看重自己，在心里肯定自己的存在，又怎么能去要求别人来肯定我们呢？记住这句话：“伟人的必要气质，是他自以为必须伟大起来。”

罗斯福总统的夫人埃莉诺·罗斯福曾说过：“除非你默许，否则没有人能将你当作是下等人。”仔细想一想，父母生下来的为什么不是别人，而是我们？每一个人的出生都是一种机遇。所以，不论自己是美、是丑，是聪明或是驽钝，甚至残疾，都应当庆幸：我们是独一无二存在的，这世上没有任何人会跟我们一模一样。也许我们并不是最优秀的，但的的确确是独一无二的。在浩瀚的历史长河上，因为许多偶然的机遇才造就了我们，我们是生命的一个奇迹，难道我们不能因此而自豪吗？

可见，在别人肯定你之前，自己先要肯定自己。当然，没有真材实料肯定是不行的。一块石头，无论再怎么珍惜，价钱再怎么上涨，它也不会变成宝石，也不会因此而改变什么。但若是把珍惜化作人生的动力，去细心地打磨这石头，那么，即便是一块普通的石头，也会成为有特点的石头，它也更容易被人们所认同。生命的价值首先取决于你自己的态度，珍惜独一无二的你自己，珍惜这短暂的几十年光阴，然后再去不断充实、发掘自己，最后世界会认同你的价值。

也许你没有过人的才华，但是不要因此而认为自己不如别人，毕竟后天的努力可以改变与生俱来的结果；也许你的努力还没有被人们发现或认可，但也请你勇敢伸出你的双手，为自己鼓掌，为自己喝彩；也许未来的路途充满艰难险阻，但请昂首挺胸，坚持走下去。因为，这世上至少还有你在珍惜着自己。

抛开烦心琐事，找回迷失的自我

传统中医学认为，“百病皆生于气”。气大伤身的道理可能很多人都懂，但仍有许多人为一些小事情绪失控。俗话说:“别人生气我也气，气出病来无人替。”既然如此，何必为一些鸡毛蒜皮的小事让自己烦心了?

一件平凡的小事虽不能让一个人获得成功，但从中却可以看出一个人对工作、对生活的态度。甘于现状的人，只会自怨自艾，整天为枯燥的生活所困，终生郁郁不得志；积极进取的人，即使干着平淡无味的工作，但他却能从中找到乐趣，保持良好的心态。注意那些为常人所忽略的小事，只有能见别人所未见，才能做别人所不能做。记住，水滴虽小，却可以折射出整个太阳。

在日常生活中，我们牵挂得太多，我们太在意得失，所以我们的情绪起伏，我们不快乐。在忧虑之际，我们如能多想想：“我不是为了忧虑而工作的”；“我不是为了忧虑而教书的”；“我不是为了忧虑而交朋友的”；“我不是为了忧虑而做夫妻的”；“我不是为了忧虑而生儿育女的”，那么我们会为烦恼的心情辟出另一番安详之地。

假如我们能够适时地将心中的那些烦心琐事抛开，解放迷茫的内心世界，就能找回在生活中迷失的自我。

生活中，我们每个人必然会受到来自于诸多方面烦恼的干扰，令我们身心疲惫、痛苦不堪，然而心病还需心药医，只有我们从内心摆脱这些烦恼的束缚、将它们全部抛开，才能让心灵得到真正的轻松。

《六祖坛经》中有则小故事：

惠能在讲经期间，偶然有一阵风吹过，旗幡随风飘动起来，这引起僧人们的议论。一位僧人说：‘这是风在动。’另一位僧人不同意这种观点，说：“不是风动，而是旗幡在动。”两人意见不统一，争论不休。惠能听到议论，走上前去说：“既不是风在动，也不是旗幡在动，是诸位的心在动。”

《坛经》中慧能禅师一语道破“风动”与“幡动”的本质皆为“心动”。内心空明、不被外界所扰，这是坐禅者应该达到的基本境界，也是人们行事处世的快乐之本。

佛眼禅师曾做过一首名为《无题》的诗偈，正好诠释了慧能禅师的意思——

春有百花秋有月，夏有凉风冬有雪。

若无闲事挂心头，便是人间好时节。

此偈的前两句描写大自然的景致：春花秋月，夏风冬雪，皆是人间胜景，令人赏心悦目，心旷神怡。然而禅师将话锋一转又说，世间偏偏有人不能欣赏当下拥有的美好，而是怨春悲秋，厌夏畏冬，或者是夏天里渴望冬日的白雪，而在冬日里又向往夏天的丽日，永无顺心遂意的时候。这是因为总有“闲事挂心头”，纠缠于琐碎的尘事，从而迷失了自我。只要放下一切，欣赏四季独具的情趣和韵味，用敏锐的心去感悟体会，不让烦恼和成见梗住心头，便随时随地可以体悟到“人间好时节”的佳境禅趣。

一个无名僧人，苦苦寻觅开悟之道却一无所得。这天他路过酒楼，鞋带开了，就在他整理鞋带的时候，偶然听到楼上歌女吟唱道："你既无心我也休……"刹那之间恍然大悟，于是和尚自称"歌楼和尚"。

"你既无心我也休"，在歌女唱来不过是失意恋人无奈的安慰：你既然对我没有感情，我也就从此不再挂念。虽然唱者无心，但是无妨听者有意。在求道多年未果的和尚听来，"你既无心我也休"却别有滋味。在他看来，所谓"你"意味着无可奈何的内心烦恼，看似汹涌澎湃，实际上却是虚幻不实，根本就是"无心"。既然烦恼是虚幻，那么何必去寻找去除烦恼的方法呢?

只要我们正在经历生活，就免不了会有一些事情占据藏在心间挥之不去，让我们吃不下、睡不着，然而这些事情却并非那么重要而让我们非装着不可的事情，只是我们庸人自扰罢了。

有一位成功的商人，虽然赚了几百万美元，但他似乎从来不曾轻松过。

他下班回到家里，刚刚踏入餐厅中。餐厅中的家具都是胡桃木做的，十分华丽，有一张大餐桌和六张椅子，但他根本没去注意它们。他在餐桌前坐下来，但心情十分烦躁不安，于是他又站了起来，在房间里走来走去。他心不在焉地敲敲桌面，差点被椅子绊倒。

他的妻子这时候走了进来，在餐桌前坐下。他说声你好，接着又用手敲桌面，直到仆人把晚餐端上来为止。他很快地把东西一一吞下，他的两只手就像两把铲子，不断把眼前的晚餐一一铲进口中。

吃过晚餐，他立刻起身走进起居室去。起居室装饰得富丽堂皇，意大利真皮大沙发，地板铺着土耳其的手织地毯，墙上挂着名画。他把自己投进一张椅子中，几乎在同一时刻拿起一份报纸。他匆忙地翻了几个版面，瞄了瞄大字标题，然后，把报纸丢到地上，拿起一根雪茄。他一口咬掉雪茄的头部，点燃后吸了两口，便把它放到烟灰缸去。

他不知道自己该做些什么。他突然跳了起来，走到电视机前，打开电视机。等到画面出现时，又很不耐烦地把它关掉。他大步走到客厅的衣架前，抓起他的帽子和外衣，走到屋外散步。他持续这样的动作已有好几百次了。他在事业上虽然十分成功，但却一直未学会如何放松自己。他是位紧张的生意人，并且常常放不下公司里的那些琐碎事情。他没有经济上的问题，他的家是室内装饰师的梦想，他拥有4部汽车，但他却无法放松自己。为了争取成功与地位，他已经付出了自己全部的时间去获得物质上的成就，然而，在他拼命工作、拼命赚钱的过程中，却迷失了自己。

假如我们能够适时地将心中的那些烦心琐事抛开，解放迷茫的内心世界，就能找回在生活中迷失的自我。

做好不感兴趣的事

把不感兴趣的事情做好，不仅能够丰富学识，提升修养，也是一个人成熟的标志。所以我们应该勉励自己做好不感兴趣而又对自己有益的事情。

在生活中，我们总是会面对一些自己不感兴趣的事，一些讨厌的工作，比如整理枯燥乏味的数据，会见俗不可耐的客户，撰写千篇一律的官文，学生们准备自己的毫无兴趣的科目考试，医生护士整天面对那些恶臭病人，这都是生命中无法回避的事情。

都说“兴趣是最好的老师”，但对于已经步入职场的年轻人来说，却有可能在兴趣中迷失。因为职业发展除了兴趣之外，还必须具备很多职业素质，诸如坚忍、细心、有责任感……

安亚是个乖巧女子。圆圆的脸庞，可爱的大眼睛，流露出聪慧内秀的气质。她的爱好可真不少：媒体采编、形象设计、企业培训，还有当歌星。

然而她现在是一个国有单位的科员，负责管理项目技术资料。

用她的话说，是一份“沉闷之极，且没有发展前途”的工作。她今年24岁，在这个岗位上待了三年，深感人生中美丽的时光正在流逝，而生活却没有向理想目标行进的迹象。

我们要学会分析自己为什么对这件事没有兴趣，能否培养自己的兴趣。如果是因为对事情了解少而没有兴趣，可以在工作中培养自己的兴趣。

如果是自己基础不好，能力不够而导致兴趣不足，就要想办法提升自己的能力。例如，拿着数学题无从下手，那么就静下心来，从简单的题入手，只要你能解决简单的题目，你的兴趣就开始出现了。

如果发现还是不能培养自己对某事的兴趣，那么想想这件事情对自己今后生活的重要性！如果数学成绩能过关，我就能考上理想的大学。

很多人面临不感兴趣的工作，容易在压力下产生消极的情绪和应对方式，如紧张、沮丧、拖延、回避或敷衍等等，但最后都难免要面对不利后果。老板的批评，父母和老师的失望，考试失利和延误病情给病人带来的后果，以及对自己人生的负面影响。所以，做好自己不感兴趣的事情是每个人的必修课，也是部分成功人士的秘诀。

如何做好自己不感兴趣的事情呢？反思自己的处境，认识自己目前的应对措施和后果。你可以自问是否能够对目前困扰你的事情说“不”，如果不能，那么你正在采取的消极应对策略，如拖延、敷衍会带来什么后果，这些后果是你可以或愿意承受的吗？你可以在纸上反复推敲这几个问题，最后你会发现，不利的后果比目前烦人的工作要可怕得多。

比如当深入处理枯燥的报表数据时，你可能会对相应的电子表格软件产生兴趣，并发现软件中有你所不熟悉的统计功能，而掌握了这些统计方法后，你有效地提高了工作效率。有些事先干着，兴趣可能就会出现。如果是自己基础不好，如果发现还是不能培养自己对某事的兴趣，那么想想这件事情对自己今后生活的重要性！如果数学成绩能过关，我就能考上憧憬的大学；如果我和这个讨厌的客户签下合同，老板一定会对我另眼相看！

如果事情本身没有什么特别意义，又不得不做，如写应景的官样文章，你可以跟自己订个合同，确立犒劳自己的方式，如做完后给自己买件衣服、请家人去饭馆吃饭庆祝或痛快地玩一天自己喜欢的网络游戏等等。也就是说，你可以安排一件你喜欢的事情放在你厌烦的事情之后，想到做完手边的事后就能痛快地做自己喜欢的事了，你就有做好手头事情的动力了。

所以，当我们面对一些不感兴趣的事时，要分析一下自己对这些事是否感兴趣，能否培养一下自己的兴趣。如果是因为自己对工作了解得少而没有兴趣，那么在工作中慢慢地培养对工作的兴趣吧。

拿得起，放得下

一个人拿得起是一种勇气，放得下是一种度量。对于人生道路上的鲜花与掌声，有处世经验的人大都能等闲视之，屡经风雨的人更有自知之明。但对于坎坷与泥泞，能以平常心视之，就非易事。大的挫折与大的灾难，能不为之所动，能坦然承受，这就是一种度量。佛家以“大肚能容天下难容之事”为乐事，这便是一种极高的境界。既来之，则安之，这是一种超脱，但这种超脱又需要多年磨炼才能养成。拿得起，实为可贵；放得下，才是做人的真谛。

歌德说：“一个人不能永远做一个英雄或胜者，但一个人能够永远做一个人。”这里，“做一个英雄或胜者”，就是“拿得起”时的状态；而“做一个人”，便是“放得下”时的状态。一个人若是能活出这种状态，便可谓是一个潇洒的人、一个糊涂的智者。

有一个人一手拿着一只花瓶前来拜见智者。

智者对他说：“放下！”

于是，那个人把他左手拿的那只花瓶放下了。

智者又说：“放下！”

于是，那个人把他右手拿的那只花瓶也放下了。

智者还是对他说："放下！"

那个人说："智者，能放下的我已经都放下了，我现在两手空空，没有什么可以再放下了，您到底让我放下什么呢？"

智者说："我让你放下的，你一样也没有放下；我没有让你放下的，你全都放下了。花瓶是否放下并不重要，我要你放下的是心中的杂念。你的心已经被这些东西填满了，只有放下这些，你才能从生活的桎梏中解放出来，才能懂得真正的生活。"

那个人这才恍然大悟。

智者最后说："放下这两个字听起来容易，做起来却很难。有的人追求功名，他放不下功名；有了金钱，就放不下金钱；有了爱情，就放不下爱情；有了嫉妒，就放不下嫉妒。世人能有几个人真正做到'放下'呢？"

不要感叹自己缺少什么，能够放下自己手里拥有的东西的人，才是一个真正有智慧的人。

非洲土著人用一种奇特的狩猎方法捕捉狒狒：在一个固定的小木盒里，装上狒狒爱吃的坚果，盒子上开一个小口，刚好够狒狒的前爪伸进去，狒狒一旦抓住坚果，爪子就抽不出来了。因为狒狒有一种习性，不肯放下已经到手的东西，所以，人们常常用这种方法捉到狒狒。

人们总会嘲笑狒狒的愚蠢：为什么不松开爪子放下坚果逃命？审视一下我们自己，也许就会发现，并不是只有狒狒才会犯这样的错误。

因为放不下到手的职务、待遇，有些人整天东奔西跑，荒废了正当的工作；因为放弃不下诱人的钱财，有人费尽心思，结果常常是作茧自缚；因为放不下对权力的占有欲，有些人热衷于溜须拍马、行贿受贿，不惜丢掉人格和尊严，一旦事情败露，后悔莫及。

每天发生在我们生活周遭的很多悲剧，往往就是由无法放下自己手中已经拥有的"东西"所酿成的：有些人不能放下金钱，有些人不能放下爱情，有些人不能放下名利，有些人则是不能放下不应该执着的执着。

老和尚携小和尚游方，途遇一条河；见一女子正想过河，却又不敢过。老和尚便主动背该女子趟过了河，然后放下女子，与小和尚继续赶路。小和尚不禁一路嘀咕：师父怎么了？竟敢背一女子过河？一路走，一路想，最后终于忍不住了，说：师父，你犯戒了，怎么能背女人呢？老和尚叹道：我早已放下，你却还放不下！

如果你能够领悟"放下"的道理，你将会有一种如释重负的感觉。因为只有懂得放下，才能掌握当下。更何况，人生在世，如果不能把一些不是很必要的东西放下，你的"人生行囊"将很快就没有空间去搁置你真正需要的东西。

有些自以为聪明的人常常会暗自比较自己拿了多少。事实上，他们才是最糊涂的，拿得越多，说明放不下的也越多。那么，背负的也就越多，活得也就越累。

在现实生活中，许多人过得像落雨背稻草一样，心灵的负荷越来越重。既有对妻子、儿子、的责任，又有位子、票子、房子、车子的诱惑，再加上爱恨情仇等恩怨的困扰。于是，许多人天天喊着累、日日高呼着郁闷。日趋激烈的竞争，利益的冲突与争夺，人情的冷漠与无奈，往往搅得人心慌意迷、作茧自缚。殊不知，"君子坦荡荡，小人常戚戚"，因此，要想自己走出人际交往的迷宫，就得放下一些个人的恩怨，释放一些真情与善意。否则，生活怎会是一个"累"字了得。

人总有想不完的心事，担心自己身体不好，担心孩子升学问题，担心自己的工作。总之，操不完的心，烦恼总是不断。时间长了，人总是无精打采，身心疲惫，这样就很容易产生心理疲劳，甚至产生心理问题。英国科学家贝里奇说："疲劳过度的人是在追逐死亡。"心理疲劳比身体疲劳更伤害人的健康。我国唐代著名药学家孙思邈说过："养生之道常欲小劳，但莫大疲……莫忧思，莫悲愁，莫大惧……勿把愤恨耿耿于怀。"这就是说遇事要想得开，放得下，不要把苦闷放在心里，形成过重的心理负担。人生不如意事十之八九，我们要是把这些不如意老放在心上，就会在心里刻上一道道痕迹，就会未老先衰。

让自己远离烦恼，快乐地生活，就要学会"放下"。

第一，财要放得下。人对财富的追求总是无止境的，希望有钱没错，但不能贪财。因为一个贪字，是会让人万劫不复的。因为贪得无厌，人便没有了精神上的自由，成了金钱的奴隶，甚至于堕落成贪赃枉法的罪犯。要知道钱财仍身外之物，能够生活无忧就好。

第二，情要放得下。问世间情为何物，直教人生死相许。女人切不可陷入感情的旋涡不能自拔。因为世间最难说清的就是一个情字。剪不断，理还乱，多情总被无情误。所以女人若能在情方面看得开，放得下，心情一定轻松不少。

第三，忧愁放得下。印度诗人泰戈尔说过："世界上的事情最好是一笑了之，不必用眼泪去冲洗。"前面说过了，人生不如意事十之八九，那能样样天遂人愿？很多事情只能是"谋事在人、成事在天"，不是努力了就能办得成的。所以我们不必太在意，更不要怨天尤人，就该顺其自然，不要为了根本办不到的事苦苦折磨自己。放下忧愁，就是快乐。因此，只有拿得起，放得下，才能永远保持一种健康的心态，拥有一颗放得下的美丽心灵！

失败并不是一件可怕的事

在人生的奋斗中，每个人都在追求成功，追求完美。但不是说成功就能成功，要成功就必须努力。在这个努力的过程中经常会遇到失败和挫折。有的人害怕失败，什么事都不敢做，那么只能一事无成。只有不怕失败，才能到达胜利的彼岸！

生活中，总有各种各样的失败，情感上的，生意上的，学习上的，失败是不断伴随着我们的。人们遇到失败时，会采取各种各样的态度。综合起来，有两种不同的态度，一种是对失败采取积极进取的态度即理智的态度，这时的失败激励人追求成功；另一种是采取消极防范的办法即非理智的表现，这时的失败使人放弃目标，甚至造成伤害。

很多成功的人在尝试之初都要遭受一定的失败，这是毫无疑问的，毕竟世界上的事情都不可能是一帆风顺的。那么，同样是失败的尝试，为什么有的人最终成功了呢？原因很简单，那些成功的人在尝试失败之后挺住了，挺住了失败带给他们的苦难，所以最终才能品尝到成功的甘甜，才能感悟到成功带给他们的喜悦泪水。

失败有泪水，坚持有泪水，成功也有泪水，但是这些泪水都是不一样的，或苦、或涩、或甜。只有品尝过了苦涩的，才能尝到甘甜的。

美国人希拉斯·菲尔德先生退休的时候已经积攒了一大笔钱，足够过上富裕的日子。然而这时他又突发奇想，想在大西洋的海底铺设一条连接欧洲和美国的电缆。随后，他就全身心地开始推动这项事业。

菲尔德先生首先做了一些前期的基础性工作，包括建造一条1000英里长，从纽约到纽芬兰圣约翰的电报线路。纽芬兰400英里长的电报线路要从人迹罕至的森林中穿过，再加上铺设跨越圣劳伦斯海峡的电缆，整个工程十分浩大。菲尔德使尽全身解数，总算从英国得到了资助。随后，菲尔德的铺设工作就开始了。电缆一头搁在停泊于塞巴斯托波尔港的英国旗舰“阿伽门农”号上，另一头放在美国海军新造的豪华护卫舰“尼亚加拉”号上。没想到，就在电缆铺设到5英里的时候，它突然卷到了机器里面，被切断了。

第一次尝试失败了，菲尔德不甘心，又进行了第二次试验。试验中，在铺好200英里长的时候，电流中断了，船上的人们在甲板上焦急地踱来踱去，好像死神就要降临一样。就在菲尔德先生准备放弃这次试验时，电流又神奇地出现了，一如它神奇地消失一样。夜间，船以每小时4英里的速度缓缓航行，电缆的铺设也以每小时4英里的速度进行。这时，轮船突然发生了一次严重倾斜，制动闸紧急制动，电缆又被割断了。

但菲尔德并不是一个在失败面前容易低头的人。他又购买了700英里的电缆，而且还聘请了一个专家，请他设计一台更好的机器。后来，在英美两国的机械师的联手下才把机器赶制出来。最终，两艘军舰在大西洋上会合了，电缆也接上了头；随后，两艘船继续航行，一艘驶向爱尔兰，另一艘驶向纽芬兰。在此期间，又发生了许多次电缆被割断和电流中断的情况，两艘船最后不得不返回爱尔兰海岸。

在不断的失败面前，参与此事的很多人一个个都泄了气，公众舆论也对此流露出怀疑的态度。投资者也对这一项目失去了信心，不愿意再投资。这时候，又是菲尔德先生，用他百折不挠的精神和他的天才说服力，使这一项目得以继续进行。菲尔德为此日夜操劳，甚至到了废寝忘食的地步，他决不甘心失败。

于是，尝试又开始了。这次总算一切顺利，全部电缆成功地铺设完毕而没有任何中断，几条消息也通过这条漫长的海底电缆发送了出去，一切似乎就要大功告成了。但就在举杯庆贺时，突然电流又中断了。这时候，除了菲尔德和一两个朋友外，几乎没有人不感到绝望的。但菲尔德始终抱有信心，正是由于这种毫不动摇的信心，使他们最终又找到了投资人，开始了新一轮的尝试。这一次终于取得了成功。菲尔德正是凭着这种不畏失败的精神，才最终取得了一项辉煌的成就。

由此可见，失败是在所难免的，而失败之后的成功也是有可能的，关键就要看你有没有承受失败打击的能力，能不能用自己的坚持不懈来开辟全新的道路。

在当代社会，“优胜劣汰”的规则在每个人、每个行业中都淋漓尽致地体现着，特别是在城市中，任何有正当职业的人都不敢丝毫松懈。因为失败是现实，也是痛苦。当失败真正来临时，有的人表现出超强的冷静与自信，有的人都表现出对失败的忧虑与恐惧。后者把失败看成了固有的发展态势，因而会阻碍他日后前进的脚步。

失败是存在于失败者心中的一种感觉，是他在实现自己目标的过程中，由于行动上受到阻碍而产生的一种悲观情绪。越来越大的竞争压力使我们的工作处于不稳定的状态，它可能会随时抛弃我们而选择更加出色的人。这种竞争的残酷性也在一点一点地剥蚀着我们的自信。

失败并不可怕，可怕的是自己不敢面对失败、害怕失败，遇到困难就放弃。只要把每一次的失败都看作新的起点，看作新的动力，坚持不懈、加倍努力，就一定能成功。在艰难的人生道路上，越遇到失败越要振作，越要拼搏。其实，失败只是短暂的，只要鼓起勇气，去战胜新的困难，就一定能迎接胜利的明天！

失败并不可怕，可怕的是失败后我们从中没有学到任何东西，哪怕是一点点的收获！总结经验，然后我们就要再重整山河，从零开始，继续前进，万万不可从此永无斗志地沉没下去！“失败是成功之母”，其实单纯的失败并成为不了成功之母，只知失败，不知总结，那我们就永远只有失败，只有失败—总结—实践，这样失败才能成为成功的母亲。

对绝大多数不是天才的人而言，失败是通往成功的必经之路，需要冷静、忍耐；失败是每一个成功的起点，需要执着、认真。因此，当你面对失败的时候，一定要清醒地告诫自己：失败只是暂时的，失败只是成功的一个过程，我要得到的是最后的结果。

在你失败的背后，也许满是你辛勤的汗水，因为表面的失败，你所有的努力不会受到别人的关注和肯定，但自己不能委屈了自己，做过了，努力过了，但却失败了，就要由着自己的性子把心底所有的委屈就吐出来。你可以向家人诉苦，可以跟朋友倾诉，可以写在日记中，也可以找个地方，大声地呼喊，总之要让自己彻底地放松。

记住这样一句话：今天的失败是明天成功路上的垫脚石。

失败之后最需要的是解决问题，避免再次的失败，对别人的评价也不要太在意，谁都会有这个经历。等你走过了，就会发现失败带给你的收获将远远超过成功的喜悦。总有一天，你会感谢你的失败，因为是它把你引向成功的。

第七章

健康先健心

生活像面镜子，你哭它也哭，你笑它也笑，取决于你的心境。心境好了，你会感到外界是美好的。心境糟了，天气和外部噪声也会气死你。所以，要健康先要健心。

要想拥有健康的身体，既要树立正确的健康观念，还要拥有正确的生活态度，既要干事业也要享受生活，遇到变化、坎坷、乐观地面对，更要追求广阔胸怀和高尚品德，不为私利耿耿于怀。所以说，心理平衡是健康的灵丹妙药。

人们要达到健身的目的，健康的心理和正常的心态是非常重要的。试想，一个人如果心胸狭窄，整日精神压抑，萎靡不振，又何谈健身呢？我们只有不计较个人得失，豁达大度，才能保持旺盛的精力，才能使生命之树常青。健康的心理应当是热爱事业，热爱生活，心胸坦荡，乐观向上的！

身心健康才是真正的健康

虚名浮利是过眼云烟，是非得失转头皆空，灵魂纯洁、身体健康乃是人生至乐。

通常情况下，人们认为身体只有健康和患病之分。世界卫生组织对健康下的定义是："健康是一种身体、精神和交往上的完美状态而不只是身体无病。"新的医学研究也表明，人体健康与患病之间还存在着一个过渡的中间状态，即第三状态——亚健康状态。

据此可得知，身体健康但精神和交往却存在问题，并非真正的健康，只有身心健康才是真正的健康。亚健康状态实际上已经在警告人们，如不加以重视，疾病就会接踵而来；如能加强自我保健，进行自我调节，就可以使自己早日从亚健康状态中走出来，转变成健康状态。在我国传统观念的影响下，人们普遍认为得病不是件光彩的事情，尤其觉得患精神疾病更不光彩。其实不然，随着社会竞争的加剧，轻度的精神疾病如抑郁症、孤独症、焦虑症等心理障碍病人像感冒一样普遍。

青少年反抗父母、逃学、厌学等心理疾病将长期困扰家庭和社会；中青年关于婚姻、情感、性以及性心理障碍、工作压力等问题的心理疾病，也会或轻或重地制约其发展和影响身心健康；老年人面临下岗、离职、退居二线、退休也会相应地出现一些心理疾病。这些心理疾病都很正常，人在每个年龄阶段都可能出现这样或那样的心理疾病。大部分人是处于身体健康而心理略有问题的亚健康状态。

另据卫生部对十个城市的工作人员的调查，处于“亚健康”的人占48%。据世界卫生组织统计，处于“亚健康”疾病状态的人口在许多国家和地区目前呈上升趋势。据统计，处于“亚健康”状态的患者年龄多在20–45岁，以致医学界不得不把“亚健康”列为21世纪人类健康的头号大敌。

调查表明：“亚健康”状态在一些从事企业管理、商业活动的人中所占的比例最高。这主要是因为随着生活和工作节奏的加快，竞争日趋激烈，人们的心理承受能力日渐加重的缘故。

心理专家认为，精神健康分三个层次，第一是精神疾病，即一些重度的精神障碍，所谓的精神病人，包括意识障碍、精神分裂症、躁狂症等，需要精神病医院专门治疗；第二是心理障碍，如焦虑、妄想、幻觉等，需要心理咨询再辅以药物治疗；第三是心理问题，这就是比较常见的孤独感、忧郁、烦躁等，只要得到合理的心理调整就可以解决。他进一步解释，存在心理问题的多数人是处于第二和第三层次之间，这属于轻度的心理问题并非精神疾病，心理咨询可以帮助解决。

令人异常担忧的是，大部分人不会因为心理问题主动就医或找心理咨询师，除了经济原因外，很多精神病患者和家属没有认识到抑郁症等精神疾病的害处，或者害怕受到世俗偏见的歧视，讳疾忌医。

专家特别提醒：精神疾病并不可怕。患上抑郁症等精神疾病，要积极治疗，切莫讳疾忌医。不妨告诉自己：“我只是情绪感冒了，现在很痛苦，但只要治疗一下就会好的。”

预防和治疗亚健康应从纠正病因开始，从平时的生活抓起，要从思想上重视，科学健身、提高修养，营造良好的生活环境和人际关系，也就是从生物、心理、社会的角度全面加以预防。

心病还需心药医，只有我们平时多注意以下几点，才能保持个人的身心健康：

（1）学会调节自己的情绪。

（2）保持生活规律、合理膳食。

（3）尽量改善环境条件。

（4）保证按时、充足的睡眠。

（5）进行适当锻炼。

明智者当明察自己的不足

事物总是循着自身的规律发展，即使不够理想，它也不会单纯因为人的主观意志而改变。如果有谁试图使既定事物按照自己的要求发展变化而不顾客观条件，那么他一开始就已经注定失败了。

古代西方有则流传很广的故事：

德尔斐传“神谕”的女祭司告诉苏格拉底的朋友说，苏格拉底才是人间最聪明的人。苏格拉底感到自己并不聪明，于是去证实这个“神谕”。他到处去找有知识的人谈话，其中有政治家、诗人、工匠等。结果证明这些人并没有知识，因而发现“那个神谕是不能驳倒的”，于是，他反身自问，自己的聪明究竟表现在哪里？他觉得自己其实很无知，因而推论到“自知自己无知”正是聪明之所在。

无独有偶。古代东方的老子也言：“知不知上，不知知病。”自知自己不知才是最上等、最聪明的人。看来，自知自己无知才是真聪明，相反，自认为自己博学多知甚至能智胜天下者，倒可能是真糊涂。

诚实地看待自己，自知自己弱智无知，又有什么不好呢？

迄今为止，我们还未曾见到过一位内心平和、生活愉悦的绝对完美主义者。而且，今后可能也不会遇上。人们对事物一味理想化的要求导致了内心的苛刻与紧张，所以，完美主义与内心平和相互矛盾，两者不可能融入同一个人的人格。

神话中，渔夫那贪婪的妻子，终于未能逃脱依旧贫穷的命运便是证明。现实中，我们许多人都过得不是很开心、很惬意，因为他们对环境总存有这样那样的不满，他们没有看到自己幸福的一面。也许你会说："我并非不满，我只是指出还存在的问题而已。"其实，当你认定别人的过错时，你的潜意识已经让你感到不满了，你的内心已不再平静了。

一床凌乱的毯子，车身上一道划伤的痕迹，一次不理想的成绩，数公斤略显肥胖的脂肪……种种事情都能令人烦恼，不管是否与你有关。你甚至不能容忍他人的某些生活习惯。如此，你的心思完全专注于外物了，你失去了自我存在的精神生活，你不知不觉地迷失了生活应该坚持的方向，苛刻掩住了你宽厚仁爱的本性。

没有人会满足于本可改善的不理想现状。所以，你努力寻找一个更好的方法：你要用行动去改善事物，而不是"望洋"空悲叹，一味表示不满。同时你应认识到：我们总能采取另一种方式把每一件事都做得更好，但这并不是说已经做了的事情就毫无可取之处，我们一样可以享受既定事物成功的一面。有句广告词不是说："没有最好，只有更好"吗？所以，不要苛求完美，它根本不存在。

如果你有过于要求完美的心理趋向，就要引起重视了；当你又要认为情况应该比现在更好时，就请把握住自己，礼貌地提醒自己现实中的生活其实很好。当你放弃自己苛刻的眼光时，一切事物都变得美好起来了。不要刻意追求完美，你会感觉到生活充满明媚的阳光的。

让“紧张”慢慢“放轻松”

有效消除紧张心理，从根本上来说有以下两个方面：一是要降低对自己的要求。一个人如果十分争强好胜，事事都要争先，自然就会经常感觉到时间紧迫，而如果能够认清自己能力和精力的限制，放低对自己的要求，自然就会使心境松弛一些。二是要学会调整节奏，劳逸结合。工作学习时要思想集中，玩时要痛快，还要保证充足的睡眠时间，做到张弛有度，自然就不紧张了。

当今世界是一个竞争激烈、快节奏、高效率的社会，这就不可避免地给人带来许多紧张和压力，影响了人们的生活、工作和学习。精神紧张一般分为弱的、适度的和加强的三种。人们需要适度的精神紧张，因为这是人们解决问题的必要条件。但是，过度的精神紧张，却不利于问题的解决。从生理心理学的角度来看，人若长期、反复地处于超生理强度的紧张状态中，就容易造成情绪消沉、悲观厌世、自我封闭、急躁、激动、恼怒，一个人如果长时间处于这种心理状态，发展下去就会导致一系列心理疾病的发生，严重的可导致性格变态，少数人还会自杀。

一个人已经出现了紧张的情绪反应时，该怎么调适呢？对于这种情况，人们习惯上常常会劝慰当事人：“别紧张！”“有什么大不了的！”而当事人自己也通常会这样告诫自己：“别紧张！没有什么了不起的！”然而，十分不幸的是，这种办法几乎是行不通的，实际上这会使人感到更加不安。因为这是在和自己过不去，在给你制造更大的紧张。正如有句话所说的：“情绪如潮，越堵越高。”因此，如何消除紧张情绪，这对于每一个人来说，都是十分重要的。下面介绍一些有效消除紧张情绪的方法：

（1）畅所欲言。有什么事烦恼你的时候，应该说出来，不要存在心里。把你的烦恼向你值得信赖的、头脑冷静的人倾诉：你的父母、伴侣、挚友、老师等等。

（2）暂时避开。事情不顺利时，你暂时避开一下，去看看电影或一本书，或做做游戏，或去随便走走，改变环境，这一切能使你感到松弛。强使你自己“保持原来的情况，忍受下去”，无非是做自我惩罚。当你的情绪趋于镇静，而且当你和其他相关的人均处于良好的状态可以解决问题时，你再准备回来，着手解决你的问题。

（3）为他人做事情。如果你一直感到自我烦恼，试一试为他人做些事情，你会发觉，这将使人的烦恼转化为精力，而且使你产生一种做了好事的愉快感。

（4）只做一件事。在紧张状态下的人，连正常的工作量有时都担当不起。工作量显得是如此繁重，去做其中的任何一部分都是痛苦的——即使非常需要去做的事情亦是如此。最可靠的办法是，先做最迫切的事，把全部精力都投入其中，一次只能做一件，把其余的事暂且搁到一边。一旦你做好了，你会发现事情根本不那么可怕。你做了这些事以后，其余的做起来容易得多了。

（5）不做超人。有些人对自己的期望太大，经常处在担心和忧郁的情况下，因为他们害怕达不到目标，他们对任何食物都要求尽善尽美，这种想法虽然极好，可是，容易走向失败的道路。没有一个人是能把所有的事都做得完美无缺的。首先要判断哪些事你做得成，然后把主要精力投入其中，尽你最大的努力和能力去做。做不到时，则不要勉为其难。

（6）坦然面对和接受自己的紧张。你应该想到自己的紧张是正常的，很多人在某种情境下可能比你更紧张。不要与这种不安的情绪对抗，而是体验它、接受它。要训练自己像局外人一样观察你害怕的心理，注意不要陷入里边去，不要让这种情绪完全控制住你："如果我感到紧张，那我确实就是紧张，但是我不能因为紧张而无所作为。"此刻你甚至可以选择和你的紧张心理对话，问自己为什么这样紧张，自己所担心的可能最坏的结果是怎样的，这样你就做到了正视并接受这种紧张的情绪，坦然从容地应对，有条不紊地做自己该做的事情。

（7）一些放松身心的活动。比如：

①深呼吸，慢慢吸气然后慢慢呼出，每当呼出的时候在心中默念"放松"。

②将注意力集中到一些日常物品上。比如，看着一朵花、一本时尚杂志或任何一件柔和美好的东西，细心观察它的细微之处。点燃一些香料，微微吸它散发的芳香。

③闭上眼睛，着意去想象一些恬静美好的景物，如蓝色的海水，金黄色的沙滩、朵朵白云、高山流水等。

④做一些与当前具体事项无关的自己比较喜爱的活动。比如听音乐等。

⑤选择一个空气清新，四周安静，光线柔和，不受打扰，可活动自如的地方，取一个自我感觉比较舒适的姿势，站、坐或躺下。

⑥活动一下身体的一些大关节和肌肉，做的时候速度要均匀缓慢，动作不需要有一定的格式，只要感到关节放开，肌肉松弛就行了。

学会驾驭自己的愤怒情绪

在情绪愤怒的情况下，一定要多角度、全面地考虑问题，这样才能有效地进行自我心理调节，理智地处理所面临的问题。

现实生活中，有的人很容易发怒，周围的人都只知道此人脾气大，却很少想到此人很可能是患了一种疾病。中医将容易发怒称为“善怒”，是指无故性情急躁、易于发怒、不能自制的症状，又称“喜怒”、“易怒”，应属于疾病的范畴。

现代社会人们的精神日益紧张，心理负荷不断增加，人们变得脆弱易怒。从心理学角度看，愤怒是一种情绪，不同的人会有不同的表现方式。有些人易激动，遇到不顺心的事一触即发；有的人会把愤怒压在心底；也有的人此处受气，别处发泄；还有的人自己错了却冲他人发火。这些都不是处理愤怒的好方法。因为人在愤怒时，意志力会变得薄弱，判断力、理解力都会降低，理智和自制力也容易丧失，会在情绪十分冲动的情况下，做出一些不适当的决定以及行动。

但是，引起愤怒的直接“元凶”却不是事件本身。有心理学家认为，人的情绪不是由于某一件事情直接引起的，而是因为经受了这一事件的人对事件的不正确的认识和评价，形成了某种信念，在这种信念的支配下，导致了负面情绪的出现。著名心理医生卡尔·孟宁格说，“态度比事实要重要得多”。

当你爆发愤怒的情绪时，无论什么原因，不但会使你的肾上腺分泌急速上升，更正要的是，你根本得不到任何益处。用怒气恐吓你的朋友或对手绝不是交流的最好方式。通过控制你的进攻的情绪，你不但赢得自爱而且可以提高你的说服力。这样无论你是在同事、朋友还是陌生人面前，你都会知道采取平和态度而不是轻易发火的重要性。这是情绪智商的一个基本原则。

你的愤怒情绪爆发之后，可能你会感觉舒服一些，但是这不应成为生活中的习惯，除非你想和你的朋友们对立起来。所以当我们被烦恼、愤怒、绝望等负面情绪包围时，不仅要从事物本身找原因，更重要的是及时检查自己的态度，看看你是否在用消极的态度评价所发生的事情。

其实，使怒气徘徊不去的正是你自己的消极思维方式。一旦你意识到愤怒的情绪是源于自己考虑事情的方式，你就能负担得起控制情绪的责任。要知道愤怒心理可引起血压升高，这是正常的生理现象。只要把愤怒的情绪发泄出来，情绪松弛了，血压也就跟着降了下来。如果愤怒的情绪受到压抑，不能自由地发泄出来，情绪上的紧张就不能得以松弛，血压也就一直保持在较高的水平。所以我们需要适当地疏导、宣泄心中的愤怒情绪，而不是积累压抑，长时间压抑对身体健康极为不利！

所以，心里专家建议：

（1）生活中要学会观察周围那些精神愉快的人，你不难发现，他们最为明显的特点是善意的幽默感。让别人开怀大笑，在笑声中品味五彩缤纷的现实生活，是消除愤怒的最佳方法。

（2）努力学会幽默。幽默可以让人觉得生活醇香扑鼻，它是语言的调味品。幽默会使你和其他人都得到生活中最珍贵的礼物——笑。笑声会使你的生活充满阳光。

（3）如果你依然不肯抛弃留存心中的愤怒火种，那么你应以不造成损害的方式来发泄愤怒。以一种更为健康的情感来取代使你产生愤怒的情绪。你很可能会继续厌烦、生气或是失望，但至少你可以消除那种不利精神健康的有害情感——愤怒。

人们的愤怒情绪大多数是由于沟通不畅造成的。许多时候我们觉得跟与我们直接产生矛盾的人沟通有困难，于是就不再沟通，而采取别的渠道泄愤。但真正成熟和有勇气的做法，是在产生愤怒的地方解决愤怒。比如与上级之间的冲突，与丈夫或者妻子之间的冲突，要尽量找机会心平气和地表达自己的意见。这样尝试后，我们会发现，其实许多愤怒是沟通不畅导致的。

让愤怒之火自行消灭，关键还在于自己进行自我心理调节。

（1）用暗示、转移注意法。使自己生气的事，一般都是触动了自己的尊严或切身利益，很难一下子冷静下来，所以当你察觉到自己的情绪非常激动，眼看控制不住时，可以及时采取暗示、转移注意力等方法自我放松，鼓励自己克制冲动。言语暗示如“不要做冲动的牺牲品”，“过一会儿再来应付这件事，没什么大不了的”等，或转而去做一些简单的事情，或去一个安静平和的环境，这些都很有效。

（2）深呼吸。这是让心情平静下来的行之有效的方法，可舒缓冲动情绪。还有一些办法来帮助我们处理自己和别人的愤怒：先意识到自己在生气，然后考虑对方，意识到对方也有生气的权利；此后，察觉自己的感觉，是害怕、愤怒还是自责？很多时候，我们是在用愤怒掩盖很多感觉，识别了这些感觉，才会更有效地处理问题；要控制自己不跟着自己的情绪走，也不跟着对方的情绪走；必要的时候暂时离开，好好冷静一下，走之前告诉对方自己会再回来，冷静后往往会对问题有新的看法，处理问题的方法也会理智得多。

（3）宣泄。当然，在不伤害别人的情况下，你可以通过做某件事情，适当地发泄积在心中的怒气。

（4）独处。这样你的坏情绪影响不到别人，也能让怒火冷却下来。

（5）给自己深思的时间。情绪愤怒时要求自己首先要有一定的时间思考，并从多方面、多角度进行思考。

忧虑是挂在心上的一把锁

忧虑像一把锁，封闭了我们的内心。驱除忧虑的最好办法，就是经常怀着一种愉快的心情，而不是总去纠缠生活中的不幸与丑恶。保持身心健康，也是矫正烦忧这种心理危机的重要因素。

美国著名作家马克·吐温说过："忧愁是伤人的病菌。它会吞噬你的优势，而留下一个像废品一样的垃圾。"

一个把大量精力耗费在无谓烦恼上的人，是不能充分发挥自己固有的能力的。世界上能够摧残人的活力、阻碍人的志向、减低人的能力的东西，莫过于烦忧这一毒素。

一个叫乔治·布朗的人，虽然他已经成了大商人，每年都有上百万元的收入，他却经常情绪不稳，心里总提防着周围的人，包括自己的助手和家人，于是心里就产生了很多莫名其妙的忧愁，十分痛苦。有一天，他的一位好朋友真诚地对他说："乔治，相信人比怀疑一个人更让人心绪安宁。"这句话，深深打动了乔治，他这样做了，从相信这位朋友开始，他发现自己的忧愁每天都在减少。

烦忧能败坏人的健康，摧残人的精力，损害人的创造力，它使很多本来可以大有作为的人最终平凡庸碌。

你可曾听说人们能够从烦忧中得到丝毫的好处吗？它可曾帮助过任何人改善他们的生活吗？难道不就是这个恶魔随时随地都在损害人们的健康、摧残人们的活力、降低人们的工作效率、使人们的生活陷入不幸之中吗？

一个人在心绪不定的情形下工作，效率自然不会高。人的各种精神机能，一定要在丝毫不受牵制时才能发挥出最高的能力。困于烦忧的头脑，尽管仍在思考，但往往不清楚、不敏捷、不合逻辑。在脑细胞受到烦忧的毒害时，脑部的思考力自然不可能像在毫无烦恼忧虑时那样集中。

良好的胃口、充足的睡眠、清爽的神志，都是可以减少烦忧的妙方。体力强健的人，烦忧偷袭的机会也比较少。而在体质衰弱的人的生命中，烦忧最易侵入与滋长。

当你觉察到恐惧、烦忧的思想侵入你的心中时，你必须立刻让心中充满各种希望、自信、勇敢与愉快的思想，不要坐视这些剥夺你幸福的敌人在你的心中盘踞起来，要立刻把那群魔鬼驱逐出你的心灵。

消除这种烦忧心理危机的办法是利用你潜意识的力量，用乐观的思想代替悲观，以镇定代替不安，用愉快代替烦恼。

世上本无事，庸人自扰之。生命的过程就如同一次旅行，假如把每一个阶段的成败得失时时都扛在肩上，今后的路还怎么走？

为你的“旧包袱”举行一场葬礼，将它埋葬，与过去说再见，跟往事分别吧！这样，你将在今后的人生旅程中轻装上阵，生活会更加轻松、有质量。

学会处理心理压力

压力可以是问题也可能是机会。若是你不懂得如何处理压力，它便对你有害；反之，压力可以帮助你了解自己，使你更加成熟。

生活中有许多事情看起来很普通和平凡，但往往会因为个人的认识、既往的经历和思维方式不同而给人的身心健康造成不良影响。心理学家早已研究发现，长期超负荷、难以预测和控制的工作会对人的健康构成危害，现代生活中高血压、心脏病、睡眠障碍等身心疾病患病率居高不下，很大程度上与都市生活的竞争和压力有关。在现代社会里，压力普遍存在于人们的生活中，它是人们进取的动力，但也可能带给人们各种身心疾病，破坏生活品质。

所谓的压力是当我们去适应由周围环境引起的刺激时，我们的身体或者精神上的生理反应。这种反应包括身体成分和精神成分，还可以导致其他的积极的或者消极的反应。

人活着就会感受到压力。没有人是可以“免疫”的，不管你喜欢与否，压力是生活的一部分，会每天伴随着我们。压力也是一种正常现象，每个人都会经历，譬如：头发剪坏了、争吵、迟到等，都是压力的导火线。

一般而言，98%的压力来自芝麻小事，只有2%的压力可能造成生活上的大问题。然而，这2%的压力却产生了98%的“负面性压力”。有人面对压力，会暴饮暴食、酗酒、吸毒、变成工作狂……但有人却会把压力视为机会，借着压力将自己转化得更成熟稳健。

（1）确定目标并朝目标努力。造成个人压力的主要原因之一是感觉生活漫无目标。没有计划及目标，深化是很难有方向的，确定踏实而做得到的目标比一个浮夸不实的目标对你有益。目标和计划，不仅提供生活的旨趣和方向，同时也能缓解每天生活上及工作上的压力。

（2）发掘你的本性。你的本性是像乌龟一样的平缓？或是像赛马一样的快速？找出你属于哪一类型，好好运用它。当赛马想变成乌龟时则经常会造成心理压力。反之亦然。认清自己本性，你就能善于利用压力。多阅读心理压力及相关的书籍有助于你发掘本性，也能改变你的行为及生活。

（3）人际关系。没有什么比与他人交往更能有效地治疗和预防压力的了。小孩子都知道而我们也不该忘记，我们都需要爱和欢笑。要知道何处是你的支持网，在何处可以得到聆听、关爱和帮助。如果你找不到支持网，那么你真该去结交些朋友了。

（4）接受无法改变的事实。如果你的年龄已经超过三十岁，那么你参加国家体操队的机会就很小了，要能接受这一现实。如果你小于三十岁就想成为一位睿智者，那就操之过急了。时间与价值在改变，我们就应该接受这些改变。你是否已经接受这些无法改变的事实，还是对它感到愤怒、烦忧或是因为它而产生“压力”呢？

（5）寻求一个温和而有趣的良好爱好。一个良好的爱好可以转换心理压力，能平静和舒适的舒解自己。寻求一个适合自己的良好的爱好是处于过度压力所必需的缓解剂。良好的爱好如慢跑、有氧运动、骑脚踏车、欣赏音乐或阅读等，它必须是你喜欢做的而且是你能做好、令你舒适、有规律且无竞争性的。

（6）从容的呼吸以控制攻击情绪。在受到压力时，呼吸会变得快且浅，在此时如果你能控制你的呼吸，以慢且深的方式，则会令你的牙关、舌头和局部松弛，而且能保持清醒的心智和冷静的头脑。

（7）事先准备和计划生活上的改变。许多生活中的变故是引起压力的原因，如离婚或分居、家人的死亡、负债、入学、毕业等等。这些情况大多是可以预计的，如能在事先考虑周详并有计划地予以处理，将较容易应付，而所引起的压力也较小。

在平常生活当中，有几个小方法对付压力也是不错的。

（1）香气治疗。香气治疗法目前在日本颇为流行，它不是简单地买回一些植物汁或者植物油来享受其芬芳就完事，而有越来越多的商店开始利用这种香气为人们提供治疗服务，据说该治疗可以起到缓和人们紧张情绪和改进人际关系的神奇功效。很多美容院都已开展了这项服务。当然，如果没有条件的话，那么养几盆花吧（必须要有香味的那种），每天早晚跑去阳台各闻一次，随便做做伸展运动，也许压力也会随之一扫而光。

（2）音乐治疗。音乐同样具有安定情绪和抚慰的功效。想尽情地发泄一番，那就听一听摇滚乐吧；想理清一下情绪，那就听听古典音乐吧。在日本，有一种音乐减压馆，每天晚上都会播放一些轻松或者另类的音乐，人们听着音乐闭目养神。据说，持之以恒地做下去能够使人修炼到人和音乐合一的最高境界，从而达到减压的目的，每天前往这种场所的人有增无减。其实不去这些地方，买上一两张新碟（心情不好的时候建议听摇滚乐），把自己关在房间里戴上耳机，你就可以尽情地沉浸在音乐的王国里面了。

（3）户外活动。如果你实在感到压力无处不在，令你喘不过气来，那么选择周末去郊外活动活动吧，一方面可以约上二三知己（有异性的搭配为佳）一起行动，一边互谈人生、大吐工作中的苦水，另一方面尽情地享受户外清新的空气和幽美的田园景色，让该死的压力滚到一边去吧。

（4）阅读治疗。有关专家指出，适当的阅读不仅可以增加知识，还可以安定人的情绪。

（5）影视治疗。看电影也是一个很不错的减压方法。有空去跑跑电影院，悲剧片和喜剧片都是很好的选择。如果觉得一肚子的委屈没有地方可以发泄，选一部悲剧片来看看吧，或者在心情烦躁时去看一些喜剧片，“笑一笑，十年少”，压力，早笑没了！

健康藏在细节中

保持健康四点最重要：饮食合理，运动适度，睡眠充足，心理健康。

饮食合理：一是每天喝一袋牛奶。中国人普遍缺钙，不用钙片，牛奶就是最佳的补钙品。

二是调控主食，一天六两至二两。现在减肥药太多了，实际上不用这么减肥，一句话最科学，最顺利的减肥法，叫做：饭前喝汤，苗条健康。广东人就是最好的例子，从早茶吃到宵夜，也少有几个胖的。

三是荤素搭配。人是杂食动物，不能光吃素，也不能光吃肉。人有三十二个牙齿，其中四个是臼齿，吃肉用的，二十八个是门齿，用来磨碎蔬菜淀粉用的，也就是主要是以素食为主。蛋白一天三至四份就好，不多不少。一份就是一两瘦肉或者一个鸡蛋，或者二者豆腐，或者二两鱼虾，或者二两鸡和鸭，或者半两黄豆。

动物蛋白中鱼类蛋白最好，吃鱼的地方，如日本，平均寿命最长。植物蛋白中黄豆最佳。黄豆蛋白不但是健康食品，对妇女特别好，减轻更年期综合症。

四是粗细粮搭配，一个礼拜吃三次粗粮。

五是每天500克新鲜蔬菜和水果，补充维生素C。

中医还讲究青、赤、黄、白、黑。

青指绿茶。饮料里茶最好，茶叶当中绿茶最好。绿茶可抗氧化，防衰老，还能够延年益寿，预防肿瘤，减少动脉硬化。

赤是一天一个西红柿。特别是男士，可预防前列腺癌。熟的西红柿更好，因为番茄红素是脂溶性的。如果这个人情绪低落，那么吃点辣椒倒是可以改善情绪，红辣椒是改善情绪减轻焦虑的东西。

黄是指红黄色的蔬菜，富含维生素A。维生素A可保护视力，对长期盯着电脑屏幕的人大有裨益。含维生素A最多的是胡萝卜、西瓜、红薯、老玉米、南瓜、红辣椒。

白是指燕麦片，燕麦粥有通便，减肥的功效，还可以帮助降低胆固醇，尤对糖尿病特别好。

黑是黑木耳。它可以降低血黏度，被称为“血液清道夫”。

运动适度：什么运动最好？走路是世界上最好的运动。雷洁琼95岁，问她有什么爱好，她说什么爱好也没有，唯一爱好就是天天走路。中医讲究运动至微微有汗即可，大汗淋漓则损失津液，这与西医颇为不同。

睡眠充足：睡眠，古人称为“眠食”。人生三分之一的时间在睡眠。清代李渔说过“养生之诀，当以睡眠为先”。坚持睡前用热水洗脚。晚饭莫过饱，睡前莫喝浓茶及咖啡。少喝点红葡萄酒或黄酒。但睡前半小时不要喝任何饮料，这会加重身体的代谢负担，还易发胖。讲究睡姿，睡时应“卧如弓”，以右侧卧位，睡眠方向以头东脚西为宜。要有静谧的睡眠环境，室内空气新鲜，温湿度适宜，床铺舒适，利于进入甜蜜的梦乡。

最重要的一点是要在晚上十一点钟到凌晨两点钟这个时间要选择睡

一下。因为此时正值子夜，阴气最盛，阳气最弱，宜伏不宜起。现代观点是因为它是在最大呼吸的程度在皮肤。哪怕是两点钟起来继续出去玩一下，都好过你凌晨两点以后再睡10个小时。

醒时注意三个半分钟：一是醒过来不要马上起床，在床上躺半分钟；二是坐起来又坐半分钟；三是两条腿下垂在床沿又等半分钟。这三个半分钟，保护心脏，以免脑供血不足，导致突发心肌梗死和脑中风，甚至是猝死。

心理健康：嘴角上扬，笑是最好的心理疗法。

只要平时多注意养生健身的小细节，时时保有宽容平和的心态，你就能收获健康而又幸福的生活！

第八章

开创幸福、富有、健康的人生

快乐是生活的基调，做任何事情，无论是顺境逆境，都要保持快乐的心态，我们的生活不可能一帆风顺，总会有意外在等着我们。这时，对自己要充满信心，要始终保持一种乐观情绪，学会给自己解压，在困境中鼓励自己。当逆境出现时，相信自己能够掌握自我命运，能够从逆境中走出去，在善对一个个逆境中获得知识、活力与成功，这样的人生才是健康、富有、幸福的！

人生永远都有希望

很多人没有足够的进取心来开创自己伟大的事业，因为他们的期望值很低，不可能从一点一滴做起，开创一项伟大的事业。生活目标的狭隘限制了他们确立宏大的进取心。雄心壮志使得美丽的人生有了可靠的基石。它督促人们去完成任务，帮助人们去抵抗那些足以毁灭人们前途的诱惑。

诗人、作家歌德说：“人的一生中最重要的就是要树立远大的目标，并且以足够的才能和坚强的忍耐力来实现它。”

我们几乎随处都能见到这样的人，他们一生都做着简单而又平常的事，他们似乎也因此就满足了，但事实上他们完全有能力做一些更复杂的事，他们不相信自己能胜任。

假如人类没有创造世界和改进自身条件的雄心壮志，世界将会处在多么混沌的状态啊！

和为了实现雄心壮志而进行的持续努力相比，没有什么东西可以如此的坚定人们的意志。它引导人们的思想进入更高的境界，把更加美好的事物带进人们的生命。

有什么比追寻生命价值更高尚的理想吗？在不同的文明下，人们的理想也不同。一个人或一个国家的理想与其现实条件和未来发展潜力是息息相关的。

每个人身上都有最优秀而独特的地方，这份优秀只属于你自己。而一个人成功与否，取决于他能否发现自己的优势，并全力将它发挥出来。只有了解自身的优势，最大限度地发挥自身的专长，才能让你登上人生的绚丽舞台。

我们要通过正确地评价自己来发现自己的长处、肯定自己的能力。自我评价的方向和内容对人自身有很大的关系，只看自己的缺点好像千百遍地听人说“你这不行，你那不行，不准干这，不准干那……”但从来不知道自己哪儿行、不知道要干什么，这种情景是令人非常绝望的。然而，如果自我评价的方向是正面的、自我肯定的，能够准确发现自己有长处有优势，自己不仅会由此产生积极的情感体验，同时将更有可能发展出好的行为，产生良好的结果。

因此，让我们大声地告诉自己：“我能行！”

永远相信自己，无论你拥有怎样的雄心壮志，都要集中精力为之努力，而不要左顾右盼、意志不坚。不要给自己留畏缩的退路，一心一意为了理想而奋斗。只有集中精力才能获得自己想要的成功。

在人的一生当中，总会遇到各种困难与挫折，在这种情况下，要勇敢地对自己说声“我能行”。

每个人都渴望成功，但是在成功路上总会充满荆棘，如果你放弃，那么你永远不会成功；如果你不断地坚持，告诉自己能行，总有一天你会得到成功。

卡耐基说：“要想成功，必须具备的条件是：以欲望提升自己，以毅力磨平高山，以及相信自己一定会成功。”永远相信自己，假如你真的能做到，那么你离成功已经不远了。

假若你的动力足够大，那么与之匹配的能力也将随之而至。在你面前如果有十分有吸引力的奖品在激励着你，那么，你一定可以变得更加敏捷，更加细致而勤奋，更加机智而思虑周全，而且会有更加稳健清晰的头脑，你也一定会获得更好的判断力和预见力。

每个人都有巨大的潜能，只是有的人潜能已苏醒，有的人潜能却还在沉睡中。任何成功者都不是天生的，成功的关键在于开发出了无穷无尽的潜能。只要你能持有积极的心态去开发自我的潜能，就会有用不完的能量，你的能力就会越用越强，你离成功也就会近在咫尺了。反之，假如你抱着消极的心态，不去开发自己的潜能，任它沉睡，那你就只能自叹命运不公了。

曾有一个农夫在高山之巅的鹰巢里捉到一只小鹰，他把小鹰带回家中，养在鸡笼里面。这只小鹰与鸡一起啄食、嬉闹和休息，它认为自己也是一只鸡。这只鹰渐渐长大了，羽翼也丰满了，主人想把它训练成猎鹰，可是，因终日与鸡混在一起，它已变得与鸡完全一样了，根本没有飞的能力了。农夫试了各种各样的办法，都毫无效果，最后把它带到了山顶上，一把将它扔了下去。这只鹰，像一块石头似的，直掉下去，慌乱之中它拼命地扑打着翅膀，就这样，它终于飞了起来。

或许你会说："我已懂你的意思了。但是，它本来就是鹰，不是鸡，它才能够飞翔。而我，或许原本就是一个平凡的人，我从来没有期望过自己能做出什么了不起的事情来。"这正是问题的所在——你从来没有期望过自己做出什么了不起的事来，你只把自己钉在自我期望的范围内。

事实上，开启成功之门的钥匙，必须由你自己亲自来锻造，而这正是释放你的潜能、唤醒你的潜能的过程。

有所失才能有所得，有所拒才能有所取

孔子说，“仁者不忧，智者不惑，勇者不惧”，内心的强大可以化解生命中很多很多遗憾。

要做到内心强大，一个前提是要看轻身外之物的得与失。而真正的大丈夫不论得不得志，皆能恬然处之。

孟子说：“穷不失义，达不离道。穷不失义，故士得已焉；达不离道，故民不失望焉。古之人，得志，泽加于民；不得志，修身观于世。穷则独善其身，达则兼善天下。”在不得志的时候也不忘记义理，在得志的时候更不违背正道。孟子还认为君子是不受外界动摇的，只要不做欠缺仁德、违反礼义的事，则纵使有什么突然降临的祸患，也能够坦然以对，不以为祸患了。

孟子本人不仅坐而言，而且早已起而行，达到那种境界了。有一次，公孙丑问他：“倘若夫子做到齐国的卿相，得以推行王道政治，则齐国为霸诸侯、称王天下，也就不算什么稀奇事了。可是当您实际担负这项重职时，也能够做到毫不动心的境界吗？”

孟子回答：“是的，我四十岁以后不动心了。”那么，如何才能达

到这个境界呢？孟子列举了两个方法，即“我知言”与“我善养吾浩然之气”。

第一，所谓“知言”是指能够理解别人所说的话，同时也能明确地判断。《孟子》中讲，“听到不妥当的话，就知道对方是被私念所蒙蔽；听到放荡的话，就知道对方心里有邪念；听到邪僻的话，就知道对方行事有违反正道的地方；听到闪烁不定的话，就知道对方已经滞碍难行了。”换言之，拥有这种明确的判断力，就不会被那些无关痛痒的小事所愚弄，更不会因而动摇自己的心意了。

第二，“浩然之气”。公孙丑问孟子，何谓浩然之气？孟子说：“难言也。其为气也，至大至刚；以直养而无害，则塞于天地之间。其为气也，配义与道，无是馁也。是集义所生者，非义袭而取之也。行有不慊于心，则馁矣。”这段话的大意是，这种气极其广大、刚健，若能对自己所行的正道抱着相当的自信，以这种方法来培养它，就能充塞于天地之间。但它只是配合着道与义而存在的，若缺乏道与义，则浩然之气也就荡然无存了。只有在反复实行道与义时，才能够自然而然地获得。如果仅是偶一为之，就不可能获得。总之，首先要对自己所从事的合乎正道之事抱着坚定的信念，然后才能产生“浩然之气”。

在《论语》中有“孔子绝礼于陈”的故事。孔子带着弟子们周游列国时，在陈卷入政治纠纷中，连吃的东西都没有，连续几天动弹不得。最后，弟子子路忍不住大叫：“君子也会遇到这种悲惨的境遇吗？”孔子对于子路的不满视而不见，只是淡淡地回答：“人的一生都会有好与坏的境遇，最重要的是处在逆境时如何去排遣它。”

荀子根据这段故事指出：“遇不遇者时也。”任何人的一生总会有不遇的时期，无论从事什么工作，都会有和预期相反的结果。长此以往，任何人都不免产生悲观情绪。然而，人生并不仅有这种不遇的时候。当云散日出时，前途自然光明无量。所以，凡事必须耐心地等待时机的来临，不必惊慌失措。相反，在境遇顺利的时候，无论做什么事都会成功；可是总有一天，不遇的时刻会悄然来临，因此，即使在春风得意之时也不要得意忘形，应该谨慎小心地活着。

我们应采取顺境不骄矜；逆境不颓唐的生活态度。

有个可以快乐起来的方法，那就是改变我们思考的重心试着去想美好的东西。不是抱怨你的薪水，而是感激你拥有一份工作；不是期望你能去夏威夷度假，而是想到你家附近亦有乐趣。

如何培养富足之心，笑看输赢得失呢?

1. 赞美孤独

富足之心是宁静的。个性并不害怕孤独，反而赞美它。孤独是个性最美好的一部分，原本就不存在能不能忍受的问题。

笑看输赢的人总是能够给自己留出时间，享受独处的欢乐，整理往事、展望前程，想象出类拔萃的美好生活。内心贫乏的人，生性急躁，喜欢喧嚣和热闹，一刻也离不开从他人眼中找寻自己赖以生存的保障，独处将备感寂寞，但自身环境却又窄得令人窒息。笑看输赢的人，独自承受个性滋润、修身养性。他享受宁静和孤寂，在反省中看见自身的不足。他把自己准备得很充分，再投入步调紧凑的生活中去。

2. 帮助他人而不求回报

笑看输赢的人愿意任意地帮助他人，不求名不求利不求回报。他知道内心里献出东西，依旧会从内心里产生出来。他就像自己的一家能源工厂，生产力很高，永远能提供满足。

3. 不自怨自艾

笑看输赢者对损失看得很淡。他相信相对于整体而言，损失的不过是小小的局部。因此，对于损失他不会不能释怀，不会老是对自己怨艾和指责，知道谁都有犯错的时候；他勇于承认错误，并宽恕自己和他人；他只是采取行动来挽回损失，满心喜悦地做着自己能力范围内的事。

顺境乘风，逆境破浪

顺境与逆境就像生活的快乐与痛苦，不过就是漫长生活里的一个个短暂的过程。人的一生中，没有谁会一条直线地走下去，坎坷与挫折也是人生旅途的一道风景，它的色彩是我们自己描上去的。它们才是幸福生活的奠基石。

顺境就是良好的境遇，逆境则相反，都是人成长过程中必然面对的人生境遇。我们都看过《西游记》，西天取经其实最重要的不是取经的结果，而是这一路上克服了困难的这种过程。而在这个过程中，我们看到的不只是遇到困难时的痛苦，还有克服困难时的勇气和信心，以及快乐时的兴奋。

人生不如意事十之八九。因此，大家在身处顺境的时候，也应当做好迎接逆境的准备。只有既能够在顺境中不骄不矜，又能够在逆境中不屈不挠的人才能享受到人生的美丽。顺境，人之所求，却无法有求必应；逆境，人之所畏，却往往不期而遇。注定我们要用良好的心态去面对这些不测。

在近两千年漂泊流离的生活中，犹太人一直处在逆境之中。在这漫长的日子里，一方面，他们把逆境视若寻常事，在此过程中学会了忍耐和等待，坚信一切很快就会过去的，学会了如何在逆境中生存发展的智慧。另一方面，把逆境看作是一种人生挑战，发挥自身潜在的能力，精神抖擞地在逆境中崛起。犹太人把这种智慧运用到商业操作中，就形成了在逆境中发财的生意经。

犹太实业家路德维希·蒙德学生时代曾在海德堡大学与著名的化学家布恩森一起工作，发现了一种从废碱中提炼硫磺的方法。后来他移居到英国，在那里他几经周折才找到一家愿意同他合作开发此技术的公司，结果证明这项技术的经济价值非常高。于是蒙德萌发了开办化工企业的念头。

蒙德买下了一种利用氨水的作用使盐转化为碳酸氢钠的方法，这种方法是他一起参与发明的，但当时还不是很成功。蒙德于是一边买下一块地建造厂房，一边继续实验，以完善这种方法。尽管实验屡屡失败，但蒙德从未放弃，他仍然夜以继日地研究开发。经过反复的实验，他终于解决了技术上的难题。

1874年厂房建成，刚开始生产状况并不理想，成本居高不下。连续几年，企业都处于亏损状态。同时，当地居民担心大型化工企业会破坏生态平衡，也都拒绝与他合作。

犹太人在逆境中坚忍的性格帮助了蒙德，他没有气馁，终于在建厂六年后取得了重大突破，产量增加了3倍，成本也降了下来，产品由每吨亏损5英镑，后变为获利1英镑。当时的英国，工厂普遍实行12小时工作制。蒙德做出了一项重大决定，将工作时间改变为每天8小时。通过这项决定，工人的积极性极度高涨，每天完成的工作量和原来的12小时一样多。

周围居民的态度也发生了转变，争着进他的工厂工作，因为蒙德的企业规定，在这里做工，生活可获得终身保障，并且当父亲退休时，还可以把这份工作传给儿子。

后来，蒙德建立的这家企业成了全世界最大的生产碱的化工企业。

无论是从顺境还是逆境中走过来，心灵始终宽容豁达，不再有顺境逆境之分，心情平和淡然，懂得享受生命的过程，理解得失是生命中必然发生的事，不会因为结果的成败而耿耿于怀。

贝弗里奇说："人们最好的工作往往是在处于逆境情况下做出的。思想上的压力，甚至肉体上的痛苦都可能成为精神上的兴奋剂。"逆境是人生的十字路口，也是人生的试金石。逆境有时候就像人生的分水岭，跨过它，你就会成功，否则，你还是在逆境的深渊里继续挣扎。

当我们打开一个伟人的一生后，你会惊奇地发现，他们的道路中逆境要远远的多于顺境，但是他们却成了伟大的人。

生活中挫折是在所难免的，重要的不是绝对避免挫折，而是要在挫折面前采取积极进取的态度。

幸福与不幸是事物发展的两个轮子，不幸是幸福之母，是幸福的先导。幸福与不幸，相隔只有一步。即使你认为不幸了，只要有"置之死地而后生"的乐观心态，还是可以战胜逆境的。增强对逆境的承受力，并在挫折与风险中磨炼出坚强的意志力。只有这样，我们才会获得幸福。

做任何事情，无论是顺境逆境，都要保持快乐的心态，我们的生活不可能一帆风顺，总会有意外在等着我们。这时，对自己要充满信心，要始终保持一种乐观情绪，学会给自己解压，在困境中鼓励自己。当逆境出现时，相信自己能够掌握自我命运，能够从逆境中走出去，在善对一个个逆境中获得健康、知识、活力与成功。

人生都有两份履历，一份是逆境或顺境中产生的不幸，一份是逆境或顺境产生的幸福。处顺境时就要乘风直上，更要懂得"惜福"；处逆境时也不要放弃自己，只要勇敢地破浪而行，幸福就在我们的脚下！

不要被金钱奴役

金钱是创造美好幸福生活的工具。记住！只有你真正地理解了关于金钱的正确观念，你才会积极地以一颗平常心去看待金钱。

想为达到目的所利用的工具，摇身一变成为目的的本身，你也就为此深陷泥潭而无法自拔。因为在当初，用金钱来达到权力的目的时，金钱是一种工具；现在，你以金钱为目的，你就失去了原来的目的。金钱成了你的目的时，就同时变成了你的主人，而在人类的历史之中，金钱是最无情、最残酷的驾驭奴隶者。

例如，你要3万块钱，于是你劳苦工作，苦干不止，目的就是在赚3万块钱，你会不顾一切地排除掉，即使对你身心有益的活动你也不会参加，你拼命地挤时间，原因只有一个：赚钱。除了“钱”之外，别无可取，别无可谈；毫不体贴你的妻子，对你的儿女也没有宠爱之心，即使在打球休闲的时候，你也不当作享乐，为的也是赚钱。总之，你生活上唯一的兴趣是赚更多的钱。

经过诸多努力，你终于赚到了3万块钱。当银行里的付款员交给你一张清单的时候，你便感到了得意，但是，这不过是很短促的兴奋。因为你不能有了钱去周游世界，或新做许多衣服，买一辆精美的汽车；因为是你在拼命赚钱的过程之中早已忘记了生活的方式，变成了金钱的奴隶。你唯一喜欢的是赚钱，于是你继续努力。你或说要为儿女筹一笔教育费，或说要捐助一所医院，以及其他各种的说法。其实，这些全是掩饰自己是奴役的辩解罢了。其实，你钱越多，受钱的束缚就越大，而享受快乐的机会也随着钱的增多而减少，你的一切都完了！

有些享受世间物质上的快乐的人们却患精神崩溃病；有些富得能买一小国的财阀而买不到片刻的心境安定；这些人无法想通钱不是万能的。所以他们相信没有钱是不能生活的，然而当穷人来向他们求布施的时候，他或她是多么的愤怒啊！

有些人认为“心地和平”的价值，比世间一切财物的价值都高；有的人宁愿受大学的教育，而不愿拥有纽约的一半；还有些人以为“爱”就是权力，若能得到人家的爱，那么价值远在西印度九岛之上。

你如果要做一个快乐的人，一定要记住：金钱不是万能，金钱不是权力，它只是用来达到目的的一种工具罢了。若你不注意发展你的人格而只注意赚钱，那么，全世界银行金库里的钱都不够替你买到快乐！金钱变为你的生活目的时，怕连你的生活也要保不住了。这个时候，你不放弃生活，生活也会放弃你！

家和万事兴

有人把家庭比作社会的细胞，这是最恰当不过的。家是社会稳定的基石，是人生旅途中温馨的驿站，是人生事业的“助推器”。和谐家庭就必涵盖了家庭成员间感情、兴趣、爱好、谈吐等能默契和谐，彼此相处融洽，互谅互慰，充满温暖，是爱、尊重、责任、谅解、幸福、温暖等元素组成的共同体。

《易经》说：“在家庭中，丈夫应当像个丈夫，妻子应当像个妻子，这样治家之道才会正当。家道正了，天下也就安定了。”也就是讲丈夫按照丈夫之道行事，妻子按照妻子之道行事，这样家庭就有了正常的秩序，把这个作为一种规范，在天下推广，国家也就安定了。当然，时代不同，行事之道的标准也不同。但是，夫妻和睦，子女孝顺，兄弟友爱一直都是中华民族所推崇的传统美德。

蔡廓，字子度，济阳（今河南兰考东北）考城（今河南东部）人。博涉群书，言行以礼，在外为官清廉，在家事兄轨如父，凡家事无论大小，都前往征求长兄意见，俸禄及赏赐也交长兄管理。

东晋末，蔡廓曾出任豫章（今南昌市）太守，及解职归，用积蓄准备建两处宅院。不久，东宅建成，给了兄轨，西宅还未建成，蔡廓不幸病亡。此时，已是南宋元嘉二年（公元425年）。蔡轨听弟病逝，从长沙赶回，与家人商量，送50万钱房价给蔡廓之妻郗氏。蔡廓有子叫兴宗，时方10岁，颇有其父之风。见大伯送钱来，忙将母亲叫到别室，说道："我们与大伯本是一家人，从来丰俭与共。今日大伯所送房价，我们不能收，若是先父健在，也定会同意。"郗氏听后，心中非常高兴，抚着儿子的头说："我儿颇有父风，依礼行事，你说得对，我们不能收大伯房钱。"说完，返回原室，将兴宗的意见告诉了蔡轨，蔡轨听后，面显愧色，当即将钱收起，告辞退出。

蔡轨回到家后，对他的儿子说了事情的全部经过，然后道："我年已六十，行事竟不及10岁小儿！"

俗话说"父行子效"。蔡兴宗颇有其父之风，知礼节，识大体，在对待房价问题上，表现得是那么明智、大度。而蔡轨送钱，虽出于好意，但骨肉情谊，岂是金钱所能衡量？正是基于这一点，蔡轨才感慨地说出："我行事竟不如10岁小儿。"正所谓："家和万事兴。"

《孟子》上说：公孙丑问道："君子不亲自教育子女，为什么吔？"孟子说："由于情势不通。教育子女一定要用正确道理，用正道正理没有成效，接着就会愤怒。一愤怒，就会伤感情。儿子会这样反问：'您拿正道正理教育我，您的所作所为都不合乎理义。'那到父子之间就相互伤害，感情自然不好。古时候相互交换教育子女使父子间不求好而互相指责。求好而相互责备，就会使父子间产生隔阂，父子间有了隔阂，那是最坏的了。"又说："因求好而相互责备，这是朋友之间遵守的准则。父子之间为了求好互相责备，就可能使儿子忘却父母的恩德。"父亲教育儿子，本来是爱护他，但达不到目的，使用愤怒来对待儿子，又伤害了儿子，儿子反过来责备父亲，又伤害了父亲。所以父子相互责备，但父亲有恩于儿子，相互指责就背离了天性，伤了天理，没有比这样的事更坏的了。

舜，虞时皇帝的名字。瞽瞍，是舜的父亲。舜的父亲为后妻所迷惑，溺爱小儿子象，曾准备杀了舜。孟子说："舜的父亲叫他去修理谷仓，待舜上了仓顶，便抽去梯子，他父亲放火烧谷仓。后来又要舜去打井，筹舜下井以后，父亲与象一起将井口填了，不料舜却从旁边的井眼中出来了。所说的这些事，表明瞽瞍太不仁道了。"

《尚书·大禹谟》记载："舜帝从前在历山负罪隐居，一年后见到父亲，总是加倍孝敬谦恭。父亲也能接受。"是讲舜从前对待父亲十分恭敬，就连瞽瞍那样最没仁慈的人也被舜感化了。

孔子说："舜，实在称得上大孝了。他的道德高尚称得上圣人，他的品行尊贵高尚，可称为天子。"

古人云：家和万事兴，家齐国安宁。足以见得，家庭对于社会的意义是举足轻重的，对于个人而言又是不可或缺的。

家庭关系是影响和谐家庭最为主要的原因。家庭生活中最复杂的一门学问，就是家庭关系的处理上。列夫·托尔斯泰就曾讲过：幸福的家庭都是相似的，不幸的家庭却各有各的不幸。随着社会、经济的发展，婚姻家庭中的个人，其伦理道德、生活方式以及思想观念都发生了不少变化。而这些变化便不可避免地影响到家庭关系，再加上代沟的存在，婆媳之间、上下辈之间，如果没有一种关系上的协调，则很容易引发"战争"。这势必影响这个家庭的和谐。可以说，家庭关系的好坏是影响和谐家庭的主要原因。

和谐家庭不仅是人生美丽的港湾，更是人生成功的重要条件。有了和谐就会产生无穷力量，充分发挥自己的才能去迎接挑战和竞争，去创造奇迹，去实现人生的辉煌。

能够把自己压得低低的，那才是真正的尊贵

在人生的许多大逆转中，许多人之所以败下阵来，甚至从此被打败，都是因为不肯降低标准。而那些就此降低标准，降下身份的人，很快又会快乐起来。

人往高处走，水往低处流，人生总是向上的，这是人们的认识，也是人生的理念，更是众生的普遍心理。

然而事实上，就是这个“人往高处走”的理念，毁了许多人，坑了许多人。客观地讲，人生一世，是不可能总往高处走的，沉浮起落，坎坷挫折，下坡路的时候是很多的，我们不能不走。这正如《贤愚经》中所说的“常者皆尽，高者必堕。合会有离，生者皆死。”

有钱人变为没钱人，局长降为处长，老板变成小工，昨天的名人沦为今天的无名鼠辈……诸事不如前的现象每个人都经历过。每当这时，往日的标准都会被大打折扣。由此看来，人生不可能总是守在一个高标准上。高标准本身就是一种完美主义的化身，其中包含着对周围事物的苛求和对自己的苛求，结果是自己累垮了，周围人也受不了。

更何况，人生总有不顺的时候，诸如单位不景气，事业陷入困境，家庭遭受变故……跟随而来的便是内在和外界的标准一同降低。如果这

时谁还保持一种高标准的心理期待，还是一味地人往高处走，就会遭遇打击，饱尝痛苦，陷入烦恼的境地。于是，这时降低标准，便成为唯一而正确的人生选择。尤其在当今这个充满竞争的社会，“高标准”往往是靠不住的，极易被动摇。学会降低标准，反而成了人们解决人生难题的一把钥匙。

我们所说的降低标准，并不是要你退缩，更不是要你消极，而是一种心理调理和应对。“人生是不确定”，外在的事物总在不断地变化，好与坏，顺与不顺，定会接踵而来。不管是在心理上，还是在客观上，过高的标准都会使人时时处处面临着一种高度的威胁。有时候，甚至使人变得灰心丧气，破罐子破摔。

一味地高标准，不但会伤害自己，同时也会伤害别人。现实社会中，许多人之所以不适应新的环境，之所以会痛苦烦恼，就是因为守着一个高标准不放。他们认为自己只能上升，不能下降。因此，高标准在很多时候反而成了极端片面的害人理念。

某公司被兼并了，几百名员工一同下岗，他们一蹶不振，而老李却挽起袖子，到一家小餐馆，做了一名跑堂儿。某企业倒闭了，人们丧气到了极点，老张却在第二天下楼修起了鞋子。老黄是某事业单位的领导，单位解散后，不但官职没了，吃饭也成了问题，他什么也没说，到一家公司做了一个看大门的。

降低标准，不仅要降低生活的标准，还要降低位置，放下架子，不顾面子，甚至还要放弃内心的追求与以往美好的向往。

由此可见，降低标准，是人生的一种快乐良方。只是这种快乐良方，并不是每个人都能接受。但纵观我们的一生，不管你是主动的，还是被动的，降低标准却是随时存在着的。降低自己的身份，降低自己的名誉，降低自己的头衔……正像佛家所说的“放下”二字。我们是否能够放下，同样需要英雄般的气概。

肯不肯降低标准，有时反而成了一个人能否生活下去的必要条件。说严重点，很多人都是病在、倒在、败在、死在了这个环节上。

许多伟人，许多大人物，其实都不是一味守着高标准不放的人，并能在降低标准中完善自己，从头再来。为了能够活得好一些，并时时快乐着，降低标准，有时会是我们最明智的选择。

就生活而言，那些懂得降低标准，肯降低标准的人，有时反而成了生活中的真英雄，不但能渡过难关，还能自得其乐！

没有什么不可以改变

在这个世界上，只有一个人可以改变和决定我们的命运，这个人就是我们自己。自己的命运掌握在自己的手里。

在这个世界上，没有什么事情是不可以改变的，美好、快乐的事情会改变，痛苦、烦恼的事情也会改变，曾经以为不可改变的事，许多年后，人们就会发现，其实很多事情都已经改变了。而改变最多的，就是自己。不变的，只是小孩子美好天真的愿望罢了。

心态是我们真正的主人，它能使我们成功，也能使我们失败。同一件事由具有两种不同心态的人去做，其结果可能截然不同。心态决定人的命运，不要因为我们的消极心态而使我们自己成为一个失败者。要知道，成功永远属于那些抱有积极心态并付诸行动的人。你不能左右天气，但你可以改变心情；你不能改变容貌，但你可以展现笑容；你不能控制他人，但你可以掌握自己！

成功需要一个健康的心态。没有一个健康心态，早晚会出现问题，甚至会让成功变成昙花一现。如果我们想改变自己的世界、改变自己的命运，改变自己的未来，那么首先应该改变自己的心态。只要心态是健康的，我们的世界才会是光明的。改变心态才能改变命运，有良好的心态才会有幸福的人生。

一次火灾事故中，消防队员从废墟中找出了一对孪生兄弟——李勤和李乐。他们是此次火灾中仅生存的两个人。

兄弟俩在这次火灾中被烧得面目全非。弟弟整天对着医生唉声叹气："自己变成了这个样子以后还怎么去见人，还怎么养活自己？与其赖活着，还不如死了算了。"哥哥努力地劝弟弟说："这次大火只有我们得救了，因此我们的生命显得尤为珍贵，我们的生活最有意义。"

兄弟俩出院后，弟弟还是忍受不了别人的讥讽偷偷地服了安眠药离开了人世。而哥哥李勤却艰难地生存了下来，无论遇到冷嘲热讽，他都咬紧了牙关挺了过来，他每次都暗自提醒自己："我的生命的价值比谁都高贵。"

有一天，李勤在雨中看到不远的一座桥上站着一个人。那个人要自杀，连续三次从桥上跳入河中都被李勤救了起来……

谁知，李勤这次救下的人是一位亿万富翁，这个富翁很感激李勤的救命之恩，就和他一起干了事业……几年后李勤用自己挣来的钱做了整容。

在相同的境遇下，不同人会有不同的命运。一个人的命运不是由上天决定的。也不是由别人决定的，而是由自己决定的。在人生的风雨之中，我们都难免遭到风吹雨打，但是，我们必须拥有抵抗风雨的勇气与能力。有时候，命运是故意要制造一些风风雨雨来考验我们。所以，我们随时都要有迎接命运考验的准备，并敢于向命运挑战。缺憾应当成为一种促使自己向上的激励机制，而不是一种宽恕和自甘沉沦的理由

一个人要想改变自己的命运，最重要的是自信，要始终相信自己。自信是对自我能力和自我价值的一种肯定。在影响自信的诸要素中，自信是首要因素。有自信，才会有成功。

美国作家爱默生曾说："自信是成功的第一秘诀。"自卑是一种消极的自我评价或自我意识，即个体认为自己在某些方面不如他人而产生的消极情感，是一种危机心态。自卑是束缚创造力的一条绳索，要想成就一番事业，首先要做的一项工作就是拒绝与自卑纠缠。

据有关专家统计，世上有92%的人是因为对自己信心不足，而不能走出生存的困境。这种人就像一棵脆弱的小草一样，毫无信心去经历风雨。这就是说，缺乏自信，而在自卑的陷阱中爬来走去，是这些人最大的生存危机，自然就会导致挫败。如果不能从自卑中挣脱出来，那么就成不了一个能克服危机的人。

有一次，松下电器公司招聘一批基层管理人员，采取笔试与面试相结合的方法。计划招聘15人，报考的却有几百人。经过一周的考试和面试之后，通过电子计算机计分，选出了15位佼佼者。当松下幸之助将录取者一个个过目时，发现有一位成绩特别出色、面试时给他留下深刻印象的年轻人未在15位之列。这位青年叫神田三郎。于是，松下幸之助当即叫人复查考试情况。结果发现，神田三郎的综合成绩名列第一，只因电子计算机出了故障，把分数和名次排错了，导致神田三郎落选。松下立即吩咐手下纠正错误，给神田三郎发放了录用通知书。第二天，松下先生却得到一个惊人的消息：神田三郎因没有被录取而一下自卑起来，觉得自己一无是处，于是跳楼自杀了。录用通知书送到时，他已经死了。

松下知道之后自己沉默了好长时间，一位助手在旁边自言自语："多可惜，这么一位有才干的青年，我们没有录取他。"

"不"，松下摇摇头说，"幸亏我们公司没有录用他。如此自卑的人是干不成大事的。"

人生并非一帆风顺，因为求职未被录取而拿死亡来解脱自卑的情绪，简直太可惜了。

“成功者”与“普通者”的区别在于：成功者总是充满自信，洋溢活力，而普通人即使腰缠万贯，富甲一方，内心却往往灰暗而脆弱。

成就事业就要有自信，有了自信才能产生勇气、力量和毅力。具备了这些，困难才有可能被战胜，目标才可能达到。但是自信绝非自负，更非痴妄，自信建筑在崇高和自强不息的基础之上才有意义。心中有自信，成功有动力。莎士比亚说过：“自信是成功的第一步。”当你满怀激情踏上自学之路时，请带上自信出发；那么一切都将会改变。

保持宽容仁爱的心态

世间的许多事情本身并无所谓好坏，全在于当事人怎么看。对我们来说，要寻找到幸福，学会如何保持乐观豁达的心境而避免自寻烦恼是十分重要的。

对生活充满宽容仁爱的心态，使你始终能够正确选择对待生活的态度。有了这种积极的自我意识，你就可以学会如何去正确思考人生，就可以在不公平的社会里保持一颗轻松平和的心，并能够结合实际环境创造出新的生活方式。实践中，你自主的选择必将赋予你一个更加轻松愉悦的自我。在现实生活中，遇到不公平的事情，我们不要烦恼，不要埋怨，用另一种观点面对不公平。要明白“吃亏是福”的道理。

美国人出外旅游，有一个去处可以不花一分钱，甚至还可能得到一点钱，这个地方便是大西洋赌城。从纽约出发，到那里来回车费才20美元，到达后马上可以得到赌城当局馈赠的15美元现金，还有一顿丰盛的自助餐。第二次来时，凭车票又可以得到8美元的回赠。

这是赌场老板为吸引顾客前来牟利的一个妙计，对赌场来说，顾客是多多益善。人越多，老板钱赚得越多，因为到赌场来而一毛不拔者寥寥无几，不管赌客运气如何，总体上是赚少赔多。因此，所谓来去不花钱，实际上花费的是赌场老板从顾客身上赚来的零头。

所谓“降价销售”、“有奖销售”、“品尝销售”、“买一赠一”等等，实际上都是“羊毛出在羊身上”的。然而，商战中因此取胜的却是很多。看似吃小亏，实则赚大便宜。

当然，在和周围朋友的相处中绝对不赞成用这些招数，但我们要明白，面对不公平时，吃点亏也许会给你带来惊喜。

不要再埋怨生活对你的不公平，在现实生活中过多地沉醉于那些公平的思考已经使我们中的好多人背上了沉重的“渴望平等”的包袱，从而完全演变成一种对生活和自己的苛刻。

有的人总是抱怨自己与别人干的工作一样多，工资却比别人的少；有的人抱怨自己付出的比别人多，等到的却比别人的少……时时抱怨不公平，并由此对这个社会失去了信心。

爱默生说：“一味愚蠢地强求始终公平，是心胸狭窄者的弊病之一。”因为我们不可能对人生投“弃权”票，所以就必须在努力争取的同时，学会宽容，才能正视不公平。

有一对一向不和的邻居，各自的田地也相邻，都种了西瓜。王姓邻居勤劳，锄草浇水，瓜秧长势很好；张姓邻居懒惰，不锄不浇，瓜秧又瘦又弱，惨不忍睹。

人比人，气死人。看着对面王姓邻居的瓜长得可人，张姓邻居觉得失了面子。在一天晚上，趁月黑风高，偷跑过去把王姓邻居家的瓜秧扯断不少。王家的人第二天发现后，非常气愤，对家人说：“咱们要以牙还牙，也过去把他们的瓜秧扯断！”

王家的老人说：“他们这样做固然不对，但我们也不能因此就跟着学，那样太小气了。你们照我的吩咐去做，从今天开始，利用晚上时间帮助照看他们的瓜田，让他们的瓜秧也长得好。而且，一定不要让他们知道。”

家里的人觉得老人说得有理，就照办了。

张家的人发现自己家瓜秧的长势一天比一天好起来，觉得奇怪。仔细观察，发现原来是他们的邻居晚上悄悄过来替他们浇水锄草。

张家的人十分惭愧又十分敬佩，深感邻居和好的诚心，于是备礼以示歉意。结果他们成了让人羡慕的好邻居。

俗话说：“远亲不如近邻”、“冤家宜解不宜结”。对待不公平的事，一定要理智，不要莽撞地做出举动，那样既解决不了事情，而且会使邻里关系更加恶化。要用宽容的心态去面对，用平和的心态去面对，它是化解种种不快的至尊法宝，也会使你收获更多。

生活中，一个心胸狭窄的人，必然招致他人的不满。人在世时宽以待人，善以待人，多做好事，遗爱人间必为后人怀念，所谓“人死留名，豹死留皮”，爱心永在，善举永存。而恩泽要遗惠长远，则应该多做在人心和社会上长久留存的善举。只有为别人多想，心底无私，眼界才会广阔，胸怀才能宽厚。

活出真性情

“平平淡淡，从从容容才是真。”人不能凭伪装去面对生活，如果你连最起码的真实都做不到，那么你最终将变成一场虚空，什么也得不到，什么也留不下。可见，一个人还是要平淡、从容一些好。

在现代社会里，人与人之间的交往，都是鄙视那些满口仁义道德，活在虚假的礼法上，心里却是肮脏阴险的不义之人的。借着高尚、严肃的名分，伪装出关心、爱护、正直、无私、严词说教，不仅严重地刺伤了人类的感情，也伤害了人们应有的尊严。古人提倡风流人生，“宁为真学士，不为假道学”，是指有才学而又不拘礼法。“真风流”，一个人是不能活得太虚伪，太不真实的。真实一点，自然一点，也许这会使你感觉更好呢！

陶渊明一生不愿出仕，几次做官都不如意，最终辞官回家。他最终辞官回家是因为这样的一件事情引起的：有一天，郡里派遣督邮到泽县来检查工作。县里的小官吏听到这个消息后连忙去向陶渊明报告。这时，陶渊明正在他的书斋里读书写诗。他一听督邮来检查，十分扫兴，便放下纸笔，准备跟小吏一起去见督邮。

小吏见他穿着一身便服，吃惊地说："上级来视察了，你作为一县之长，应该穿上官服，束上带子恭恭敬敬地去迎接才好，怎么能穿着便服去呢？"

陶渊明向来看不起那些依仗权势、盛气凌人的官僚们，听小吏说还要穿起官服去向督邮行拜见礼，他觉得自己无论如何也接受不了。他叹息一声对小吏说道："我可不愿意为了五斗米的俸禄，就躬着腰向那些乡里小人作揖打拱，做出曲意逢迎的样子来。"

说完，陶渊明不仅不去会见上面来的督邮，而且拿出县里的大印和官服交给小吏，说："督邮来了，请你把这些东西交给他。"

人们常常会遇到这样一种人，他们的面容严肃正经，神态庄严，摆出一副不屑与人为伍的样子，假作高傲的贵人的身份，其做派令人可笑。这往往是一群身份卑微的人，他们打心里认为高贵是一种特权，所以竭力向这个团体靠拢。只要遇到了可以称贵的人，即在社会上有身份、地位、贵族血统等等的社会名流，他们便卑躬屈膝，点头哈腰，百般奉承讨好。遇到了与自己同等身份或不及自己的人，他们马上换上另一副面孔，正襟危坐，不苟言笑，巍然不可冒犯的姿态，对尊和卑的严格的划分，到了令人无法忍受的地步。这是地地道道的伪君子，品格卑劣的小人物。

故意忸怩作态，是一种很强的表现欲望在作祟，其表演往往又流于肤浅。弯的变成直的，直的变成弯的，做作不自然，令人作呕。真挚的感情、美丽的情操，与过分的掩饰、矫情的表演格格不入，矫揉造作不仅不利于感情、友好、希望等等内含的表达，也败坏了真的形象、美的形象、善的形象，没有丝毫可以值得欣赏的。成功的人际交往，都是建立在自信而又谦虚、热情而又端庄的基础上。美好的塑造，离不开良好的文化教养、出类拔萃的聪明才智和高雅不俗的仪表。唯有如此，才会有上好的率真的表现。

有道是："满灌子不摇，半灌子晃荡。"学识渊博、修养深厚的智者是不会装腔作势的。"钦差大臣"更是淋漓尽致地揭示了俄国上层社会的虚假丑恶的众生相。那些贪图近利的官吏们为了能抓到一个机会，尽装腔作势之能事。陈胜在贫困时对天盟誓，要求同享富贵。一旦富贵了反而容不得那些才摆脱不久的"贫穷"，连"装腔作势"的面纱也不要了。

我们用自己的双脚去跋山涉水，用自己的双手去创造财富，用自己的大脑去思考人生，用自己的心灵去感受真情。因此，不要羡慕任何人，妄自菲薄；也毫无理由目中无人，妄自尊大。保持一颗平常心，本着对每个生命个体的尊重，走在属于自己的路上，活出自我的真性情！